ダイエット外来の医者が教える

マンガでわかる

成功率99%のやせ方

IKEDA HEALTH BOOK

著 工藤孝文

マンガ 浅野五時・サイドランチ

池田書店

えっ…
どうしたの？紗織ちゃん
あれは…
サッ
紗織ちゃん!?
隼人くん…!?

1カ月前…
紗織
突然だけど…
別れよう
…え？
なんで…!?
…ごめん
少し前から恋人と
思えなくなって
しまったというか
…
理由は
聞かないで…
ぷに――ん
やっぱり
隼人くん…
スラー
華奢な女の子が
好きだったの
かな…
私が
付き合った
3年で
ぷにぷにぷにぷにぷにぷに
10kgも
太ったから
フラれたんだ
…！
すみません
京子さん
私立ち直れ
ないかも…
ええー!?
タクシー
呼ぼうか？
大丈夫
ですか？

あっ すみません！ ちょっと気分が 悪くなって しまって…
ありがとう ございます
この顔 どこかで…
…あ！
あ あの！ 先日テレビで 見ました！
確か… ダイエットの…
あっ 私もテレビで お見かけしたこと あります！
ありがとう ございます 医師の工藤 です 普段は ダイエット外来の 相談を受けてます
ダイエット外来の 先生…
この タイミングで 出会うなんて …運命!?
あの 実は気分が 悪くなって しまったのには 理由があって… ついさっき 元カレが…

かくかく しかじか
…なんだ 紗織ちゃん びっくりさせないでよー
も〜〜
心配したよ〜
ぐす…
なるほど 3年で10kg増…
ちなみに私も以前は92kgあったんですよ
こんにちは
ええええ!! そんな姿想像できない…
どーーん
今では25kgのダイエットに成功して67kgですが 私も食べ過ぎてしまう気持ちはよくわかります
…!
あのっ 工藤先生!
もしよければ私にダイエットのことをもう少し教えてくれませんか?
お願いします!
ははは 元気が出てきたようですね
では せっかくの出会いなので
特別にお教えしましょう!

運動も食事制限もせずにやせられるって本当ですか？
もちろん本当です
私のダイエット指導は食行動を正すことなんです
食行動…？
太っているということは単純にいえば〝食べ過ぎ〟なんです
ですがそこに至るまでは無意識のうちに必ず太りやすい行動をとっている
だら…
だら…
その行動に気づいて意識を変えていけば必ずやせられますよ
えーっ!! それだけですか？
食事制限や激しい運動はありません！
もちろん食べ過ぎや車やエスカレーターを多用してエネルギー消費を避けるのはだめですが
あえて階段で移動！
それくらいなら私も頑張れそうな気がします！
…でもやっぱりリバウンドしてしまう人は多いんですか？

食事制限や運動はやめてしまえばリバウンドします
しかし正しい食行動が身につけばリバウンドはありません
実は私この3年間流行《はや》りのダイエットをいろいろ試してきたんです
でもやせてはリバウンドの繰り返しで…
私もダイエットや健康の知識はあるのにうまくいかないの…
我慢できなくなったり飽きたりするのは人間だから当たり前！
今までダイエットが続かなかったのはその方法が合っていなかったせいかも
私はタイプ別の方法を提案できるので患者さんのダイエット成功率は99・2%なんですよ
ぐっ！
すごい成功率！

ちなみにタイプってどのようなものですか？
一例として食事でストレスを発散してしまうタイプ
食べものの好みが高カロリーに偏っているタイプなどがあります
ただしタイプに分けたとしても生身の人間ですから私生活の状況も大きく影響しますよね？
確かに今までも仕事が忙しいときはダイエットにまで気が回らないことが多かったなぁ…
てんやわんや！
ひぃぃぃ〜
…私工藤式ダイエットに挑戦してもいいですか？
やせて元カレを見返したくって!!
タイプだけではなく体調や環境も考慮し心と身体を変えていくこれが工藤式ダイエットなんです
もちろん！一緒に頑張りましょう
おーい

ぬっ
石田さん大丈夫？体調不良って…
えっと この方は
はじめまして ダイエット外来の医師 工藤です
先ほど石田さんが道でつらそうにしていたので心配して声をかけたんです
ダイエット専門のお医者さん!?
へえ～ 初めて聞くなあ 僕も治してほしいくらいですよ
すみません うちの旦那なんですけど 見ての通りのメタボ体型で…
申し遅れました 京子のメタボ旦那です
ど――――ん
確かに立派なお腹をされてますね
う～～ん
昔はやせていたんですけどねえ
旦那さんも今後の健康のためにやせたほうがいいかもしれません… もしよければ今度３人で話を聞きに来ませんか？
えっ いいんですか？ ありがとうございます！

はじめに

「すごくやせたいのに、どうしても食べ過ぎちゃう」

「食べていないはずなのに、やせない……」

「ダイエットしても、なぜか失敗ばかり……」

これってよくあることなのですが、実は意外と厄介な状態です。なぜなら、前述した3つの例はどれも「やせたい」のに「食べたい」という相反する欲求を同時に訴えていたり、自分の認識と体重にギャップがあったりと、自分自身をコントロールできていないからです。これらは肥満症といって、病気のような状態です。

しかも、やせるには「単純に食べる量を減らせばいい」というものでもありません。ストレスのせいで逆に反動が起きたり、場合によっては睡眠不足のせいでやせづらかったりします。**実は肥満は、原因が1つでないことが多く、改善するにはコツが必要。**だからさまざまなダイエット法があって、自分に合うもの・合わないものがあります。

さらに肥満がよくないのは、糖尿病や心筋梗塞《しんきんこうそく》、ガンなど、重大な病気を引き起こす「万病のもと」であること。私が「ダイエット外来」を始めたのも、決まった特効薬がないこの厄介な肥満症をなんとか改善することで、より多くの人の助けになりたいと思ったからです。

ではどのようにしてやせるのか。それは**「食行動」を正すこと。**食事はもちろんですが、特に、食事に至るまでの行動に太る原因が隠れていることが多いので、正していく必要があります。単純に食べる量を減らすのではなく、その原因をしっかりと見つめ、1人ひとりに合った方法で改善していくことが大切です。

この本では、**7つのタイプごとに原因をまとめ、その改善方法を提案しています。**数週間で大きな効果が出る、というタイプのダイエット法ではありませんが、そのかわり、「無理せずにきちんとやせて、ずっとリバウンドしない」という特徴があります。おかげさまで1日約300人の患者さんが外来に訪れますが、ダイエット成功率は99・2％。自信を持っておすすめします。ぜひ私と一緒に、**「自分に合った、やせる方法」**を身につけましょう！

工藤内科　ダイエット外来医師　工藤孝文

プロローグ

第1章 生活習慣がボロボロでも、「太る行動」を見直せばやせる!

第2章 「間違ったダイエット」を見直せばやせる!

第3章 「食べ過ぎる人」は〝感覚を研ぎ澄ませば〟やせる

登場人物紹介

元カレを見返したいアラサー女子

石田紗織（いしださおり） 33歳

一人暮らし中の会社員。おおざっぱ（でも明るく元気！）な性格で、仕事が忙しいせいもあって不摂生な生活を送る。30代に入って10kgほど太ったのが彼氏にフラれた原因だと思っており、「今度こそ」とダイエットを決意する。

間違ったダイエット街道爆走中の主婦

浅倉京子（あさくらきょうこ） 42歳

紗織と同じ会社に勤める主婦。2人の小さい子どもがいる。万年ぽっちゃりを打破すべく、ダイエットには興味津々。話題の健康食品は積極的にとり入れるなど、自分の食生活には自信があったが、工藤先生に「栄養のとり過ぎで太っているのでは？」と指摘される。

典型的なメタボ中年ですが何か??

浅倉優二（あさくらゆうじ） 45歳

中間管理職の会社員で、京子の夫。家族3人を支える明るく陽気なお父さんだが、ストレスも多い。食欲旺盛&お酒も好き。接待なども重なり、今ではすっかりメタボ体型に。健康診断で悪い結果が出てしまい、落ち込んでしまう……。

1人ひとりに合ったダイエット法を提案

工藤孝文（くどうたかふみ）先生

「ダイエット外来」の医師で、1日約300人の患者と向き合う。自身も太っていた過去を持ち、心と身体の不調を整えることによりリバウンドなしでやせられる独自の「食行動ダイエット法」を考案。マイナス25kgの減量に成功する。紗織たち3人のダイエットを支援していく。

第1章

生活習慣がボロボロでも、「太る行動」を見直せばやせる！

7つのタイプから自分の食行動を分析する、工藤式ダイエットの基本とは？「生活習慣が乱れがちなタイプ」のやせ行動もご紹介。

とある休日――
それで
その後ダイエットの調子はどうですか？
うっ…
ビクッ
ニッコリ
『やせて元カレを見返す！』って決意したけど何から始めればいいのやらで…
ははは 少しいじわるな質問をしてしまいましたね
人が何の予備知識もなくやせることはとても難しいんです
なぜなら体重はホルモン・ストレス・体調・睡眠・食事・運動・天候などの影響を受けるからです
自分1人で簡単にコントロールできる領域ではないんですね

つまり一定のやり方で万人がやせる方法はないのです
えーっ でも巷《ちまた》ではいろいろなダイエット法が流行《はや》ってますよね？ 私も昔それでやせたことがありますし
ずいっ
確かにそうですよね！
でも
それでやせた後ずっと体重が維持できましたか？
ふっ…
それは…
うっ
万人がやせる方法はありません
スッ…
ですが…

自分が どういう理由で 太っているかを知り
その原因を 正しい行動によって とり除いていけば
確実に やせるという ことなんです
つまり その人に合った やせ方が あるのです
それが この間 言っていた タイプ別の ダイエット なんですね！
もぐ もぐ
そう！
『やせたいのに 食べちゃう』 のって矛盾して いますよね？ これは一種の 病気の状態です
だから 専門医の私が 行動を分析し それぞれの症状や 環境に合った方法で 肥満症という 病気を治して いくんです
ムシャァ…
なるほど…！
いつまで食べてる…
もぐ もぐ

→読者のみなさんは巻末の食行動質問票に答えてみましょう

	紗織	京子	優二
生活習慣ボロボロタイプ	◎		
ダイエットへの認識ずれてるタイプ		◎	
空腹？ 満腹？ 鈍感タイプ			◎
無意識のうちにデブ行動タイプ		◎	○
ストレスからどか食いタイプ	◎	○	◎
好物＝高カロリータイプ	○		◎
早食いし過ぎタイプ		◎	○

→各タイプの説明は次ページへ！

食行動質問票でわかる

7つのタイプ別！ 太る原因

まずは巻末付録の「食行動質問票」に回答し、7つの中から自分のタイプを判定。複数当てはまる方も多いはずです。あとは該当するタイプのダイエット法をチェック！

巻末付録 食行動質問票をチェック

Ⓐが高いあなたは

生活習慣ボロボロ タイプ

第1章（P28〜）で紹介

仕事や家事・子育てなどで忙しく、生活が不規則なあなた。**食事をとる時間帯が選びにくいため、食事の仕方や質に気をつける必要アリ。**もちろん睡眠不足やストレスにも注意！

Ⓑが高いあなたは

ダイエットへの認識ずれてる タイプ

第2章（P49〜）で紹介

「間違ったダイエット」を行っているため、「なぜやせないの？」と深みにハマるタイプです。**自己流でやるのではなく、自分に合った食事の仕方や効率のよい運動を！**

Ⓒが高いあなたは

空腹？ 満腹？ 鈍感 タイプ

第3章（P65〜）で紹介

食事を習慣としてとらえ、たとえお腹がすいていなくてもバクバクと食べてしまうタイプ。**本当にお腹がすいたときに、食べたいものを味わって食べることが大切です！**

Ⓓ が高いあなたは

無意識のうちにデブ行動 タイプ

第4章（P85～）で紹介

「鈍感タイプ」と似ていますが、**無意識のうちに食べものを買い過ぎたり、食べ過ぎたりしてしまうタイプ**。巻末の「体重グラフ日記」をつけて自分の食行動を把握しましょう。

Ⓔ が高いあなたは

ストレスからどか食い タイプ

第5章（P103～）で紹介

実はストレスはダイエットの大敵！ 当てはまる人も多そうです。根本的なストレスの原因をなくすのが目標ですが、**まずは食事以外でストレス解消法を見つける必要があります。**

Ⓕ が高いあなたは

好物＝高カロリー タイプ

第5章（P114～）で紹介

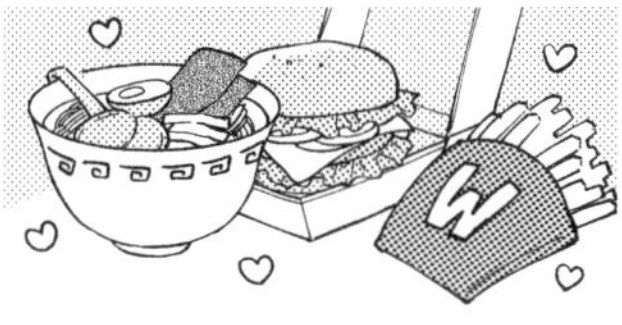

甘いものや高カロリーなものが大好物な人は、味覚が麻痺している可能性があります。「やせる出汁」などで、「適量でも満足感を得られる正常な味覚」に戻す方法をお教えします。

Ⓖ が高いあなたは

早食いし過ぎ タイプ

第6章（P129～）で紹介

早食いだと、脳の満腹中枢が満腹感を感じるころにはすでに、必要以上の食べものが胃に収まっています。**ゆっくりと食事を楽しみ、適量で満足感を得られる食べ方を紹介します。**

先生 早速 タイプに合った ダイエット方法を 教えてください！
いいですけど 『タイプ別に対策を 行えばOK』なんて 甘い話ではありません
『自分の力』で 行動を 正していく 必要があります
僕にそんな 力があったら こんなメタボには ならなかったはず
ふ
もちろん 自分の行動を 見つめ直す方法も お教えします
まず 体重グラフ日記を つけましょう！
1日4回 体重を測って グラフをつけて みてください
そうすると 体重が増えて いる場面が自然と わかるので そのときの行動を 直せばいいんです
体重を測るタイミング
①朝起きてすぐ
②朝ごはんを食べた後
③夜ごはんを食べた後
④寝る前
朝 67.0kg
昼 67.5kg
夜 68.0kg
夜食べ過ぎかな？
ピ

うぅ…毎日 忙しくって 1日4回も 体重を測れる 気がしません…
そういう場合は 1日1回 朝起きてすぐ だけでも 大丈夫ですよ
やった!
えっ それって何も 食べてないから 1日のうちで 1番やせてる 時間帯ですよね? ラッキー!
ちょっと 紗織ちゃん ずるくな～い?
今ラッキーと思ったように 体重が100gでも 減っていると 嬉しいですよね?
「グラフの線が下降している」と 視覚的にわかると 脳内ではβ《ベータ》-エンドルフィン という幸福感を もたらすホルモンが 分泌されてモチベーションが 上がるのです
体重
1日
2日…
日付
60.00kg
59.05kg
58.88kg
…
へー 会社の 営業成績グラフが 上がっているのを 見ると嬉しいのと 一緒かなぁ
そう 体重グラフ日記は 自分がとっている 『太る行動』が わかるだけではなく やる気ももたらして くれるんです
まずは騙されたと 思って2週間だけ やってみて ください!
日記が 終わるころには 習慣化している はずです

この本でわかる！

成功率99％の「工藤式ダイエット」とは？

ダイエットには3つのアプローチがある

世の中にはさまざまなダイエット方法があり過ぎて、自分に合った方法を探すだけでも大変だと思いませんか？ まずはいったんシンプルに考えましょう。「肥満症診療ガイドライン」（日本肥満学会）によると、もとをたどればダイエットに有効なのは「食事療法」「運動療法」「行動療法」の3つです。

（1）「食事療法」…低エネルギー食品を活用し、摂取エネルギー量を減らす方法。

（2）「運動療法」…有酸素運動などで身体を動かし、体

脂肪を燃焼させる方法。

（3）「行動療法」…ストレスや生活習慣の見直しによって、食行動を変える方法。

工藤式ダイエットのポイントは「行動療法」――太る行動を見直す！

行動療法とはズバリ、「太る原因となっている生活習慣を見直して改善すること」です。具体的なアドバイスを例に挙げると、「あなたの食べ過ぎの原因は寝不足とストレスなので、そこを改善していきましょう」となります。

これが食事療法だと、「食べ過ぎなので明日から毎食2割減で！」、運動療法だと「500kcalオーバーなので、その分週に2回、1・5時間程度の運動を！」となります。ちょっと極端な例でしたが、食事療法や運動療法は我慢が伴うのに対し、**行動療法は太りやすい行動を減らす、いわば予防的な作業なので、無理なくできそうな気がしませんか？** ただし、太る原因となる行動を見極められなければ改善のしようがありません。

そこで、巻末付録の「食行動質問票」や「体重グラフ日記」を通じて自己分析を行い、太る原因を把握することが大切。「自己分析？」「日記は面倒かも」と不安に思った方、ご安心ください。すぐに成果が出始め、むしろ日記をつけるのが楽しくなりますよ。

食行動質問票で自分のタイプを知ろう

私、工藤孝文は普段、福岡県みやま市にある「工藤内科」でダイエット外来の医師をしているので、太っていてやせられずに困っている方をたくさん診てきました。肥満は、おもに「食べ過ぎ」「過剰な栄養摂取」が原因です。しかしそれ以外に、生活習慣の乱れ、ストレス、睡眠不足など、さまざまな要素が「やせること」を妨害している可能性があります。**つまり人によって肥満の原因が異なるため、それに合った改善方法を提案する必要があるんです。**そこで実際に「工藤内科」を訪れた患者さんに記入してもらうのが**「食行動質問票」**です。

これは普段どんな「食行動」をとっているかを把握するためのもの。7つのタイプに分類し、それぞれに合った改善方法を、各章で紹介しています。本書では、「日

自分に合った、やせ方がわかる

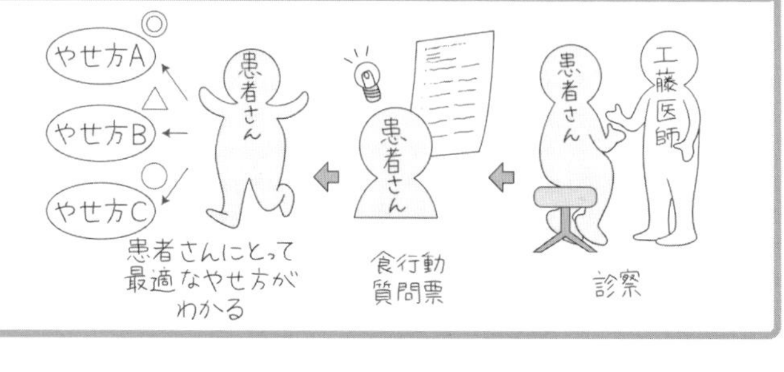

工藤医師
患者さん
診察
患者さん
食行動質問票
患者さん
やせ方A
やせ方B
やせ方C
◎
△
○
患者さんにとって最適なやせ方がわかる

本肥満学会」などでも使われている「食行動質問票」を巻末付録としてつけました。該当したタイプの改善方法を知り、ぜひ自分に合う方法を実践に移してみてくださいね。

体重グラフ日記をつける意味って？

毎日体重を測り、食行動を可視化すると、「何が原因で体重が増減するのか」を把握できます。例えば、もし前日よりも体重が増えていたら、「いつもより睡眠が短かったから」「食べる量は変わらなかったけど塩分が多い夕食だったからむくんでいるのかも」と、理由を考察できるのです。

グラフをつける際は「手書き」がおすすめ。書くことは不安やストレスの軽減につながるからです。また、**「自己嫌悪」はダイエットの大敵なので、体重グラフ日記（巻末付録）にはポジティブな気持ちで向き合う**ように心掛けましょう。

体重グラフ日記をつけるとこんな効果が！

①β-エンドルフィン効果でやる気UP！

幸福感をもたらす「β-エンドルフィン」はグラフの下降線を見るだけで分泌され、やる気UP！

②手書きの記録が記憶に残る

タイピングではなく手書きだと記憶に残りやすく、不安やストレスを減らす効果があります。

③自己分析しやすい

体重が増減した理由を分析できるので、太る原因になっていた食行動を見直すことができます。

2週間後
体重グラフ日記をつけてみましたか？
あ…私は1日1回でとりあえずは続いています
私は1日4回ちゃんと測りました！
2週間続くなんてすごいですよ2人ともバッチリです！
自分に合った方法をとっていきましょうね
では早速見てみましょうか
これなんですが…
体重グラフ日記（2週間分）
☆(　)kg には四捨五入した初日の体重を入れてください(例えば、51.5kgなら52kgと記入します)。点線の1メモリは200gです。
2枚目以降の☆(　)kgには前の週の最終体重を記入します。
時間経過
体重変化
1メモリ200g
(60)kg
59kg
58kg
57kg
56kg
起きてすぐ
朝食後
夕食後
寝る前
便のスッキリ度(◎・○・△・×)
睡眠時間
気づき
△ 5 夜ごはんの時間遅いのに食べた…
× 5.5 忙しい1日。帰宅して寝落ち…
△ 6 金曜なので会社の飲み会。食べ過ぎた…
◎ 7 休日でずっと家に。久しぶりに自炊した。
○ 6.5 せっかくの休日なのにコンビニごはん
○ 6 今日は忙しくて昼食は14時頃 夜は少なめに
△ 5 体がだるい 風邪かなぁ
× 5.5 ごほうびにスイーツを食べた
グラフが上昇している箇所の食事が見直すべき食行動です
睡眠時間なども記録することで食事以外の太る原因が分析できます
「気づき」にはポジティブなことを書きましょう前向きな気持ちはダイエットに効果的です

なるほど 仕事が忙しくて 夜ごはんを 食べる時間が 遅いんですね
ふむ
時間が遅いにも かかわらずしっかり 食べてしまう ことへの後悔と 睡眠時間の短さが 目立ちますね…
そう 紗織さんはまさに『生活習慣ボロボロタイプ』なんです
A 生活習慣ボロボロタイプ [25／32]
3 食事の時間が不規則である
3 朝食を食べない
4 朝が弱い夜型人間である
3 間食が多い
4 夕食をとる時間が遅い
2 1日の食事で、夕食が豪華で量も多い
3 夜食をとることが多い
3 盆や正月、連休はいつも太ってしまう
うっ…
仕事を始めて少しずつ 生活リズムが 崩れていったん ですが 20代のころは そんなに影響 なかったんです
でも30歳ごろから 一気に 太り始めて…
わかる
それは基礎代謝が 落ちてきたことが 関係していますね
例えば 女子高生で 『おやつに菓子パン 食後にデザート』 って言いながら やせている子って いるでしょう? それは基礎代謝が 高いおかげ
若いから
平気!

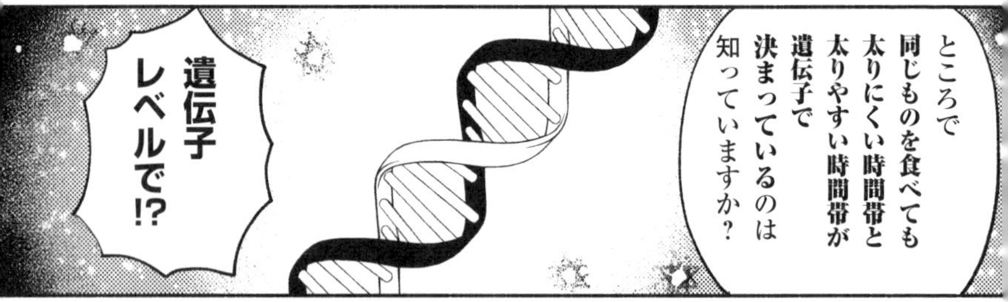
ところで同じものを食べても太りにくい時間帯と太りやすい時間帯が遺伝子で決まっているのは知っていますか？
遺伝子レベルで!?

人にはB-《ビー》M《マ》AL《ル》1《ワン》といって体内時計をコントロールする時計遺伝子があります

B-MAL1には
脂肪を増やす
機能がありますが
『夜中に食べると
太りやすい』と
いわれているのは
この遺伝子が
作用するため

1番太りにくい
14時ごろと
1番太りやすい
深夜2時では
脂肪を増やす作用が
大きく異なるんです

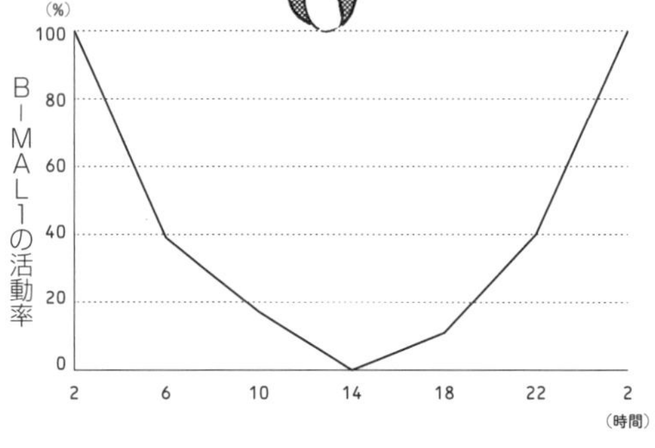
(%)
100
80
60
40
20
0
B-MAL1の活動率
2
6
10
14
18
22
2
(時間)

だから〝3時のおやつ〟はあながち間違いではないんです
もぐもぐ
14時ごろが一番脂肪になりにくい!
逆にB-MAL1が活発に働く18時以降はできるだけ食べないほうがいいので
夜ごはんが遅いのであれば**分食**がおすすめです
分食って間食ってことですか?
でも間食って太りますよね!?
分食というのは例えば18時ごろに会社でおにぎりやサンドイッチなどの炭水化物を食べて
ハムサラダ
Only!
21時以降に帰宅したらおかずのみを食べることです

夜遅く帰宅したら おかずしか食べられ ないなんて 空腹で 眠れないかも
う〜ん
どうしても21時 以降におかず以外も 食べたくなったら 0カロリーの ゼリーなどに しましょう
胃に何か 入れるだけでも 安心して よく眠れますよ
0kcal
食べて いいんですね！ だったら 続けられそう
……
あの 私 今は育児で 時短勤務なので 夜ごはんは 遅くないんですが
家事が 一段落した 22時過ぎから ドラマを観ながら ついつい スナック菓子を 食べちゃうんです…
だら〜ん
ポリ
ポリ

にゃ〜ん
それってこんな感じですか?
いやー!
自分の姿とそっくりで直視できません…
人間がこうなったらおしまいですよ!
かわいー
かわいいねえ
夜遅くに食べるとそれを消化しようと血流が消化管に向かってしまいますそうすると寝つきも悪くなり身体の疲れもとれにくくなるんですよまずはスナック菓子をゼリーや寒天などに置き換えてみましょう
はいっ先生!

生活習慣ボロボロタイプのやせ方

食べても太りにくいゴールデンタイムがある⁉ B-MAL1《ビーマルワン》遺伝子に注目！

食べる時間を調整すれば太りにくくなる

「夜遅い時間に食べると太る」とよくいわれます。これが迷信だったらいいのですが、残念ながら「ホント」。もちろん理由があります。鍵を握るのは、1日の体内リズムをコントロールしている「B-MAL1（ビーマルワン）」という遺伝子。朝になると目が覚めて、一定の時間が経つと空腹になり、夜に眠くなるのは、B-MAL1の働きによるもので、別名「時計遺伝子」とも呼ばれています。

最近の研究によると、**B-MAL1は余ったエネルギーを脂肪に変える働きや、体脂肪がエネルギーとして分解されるのを抑制する**ことがあるといわれています。そしてその活動のピークは「22時～深夜2時」、そこから10時～16時くらいにかけて活動は緩やかになります。つまり**「22時～2時に食べるとB-MAL1の働きにより太りやすくなる」**という

B-MAL1の1日の変動

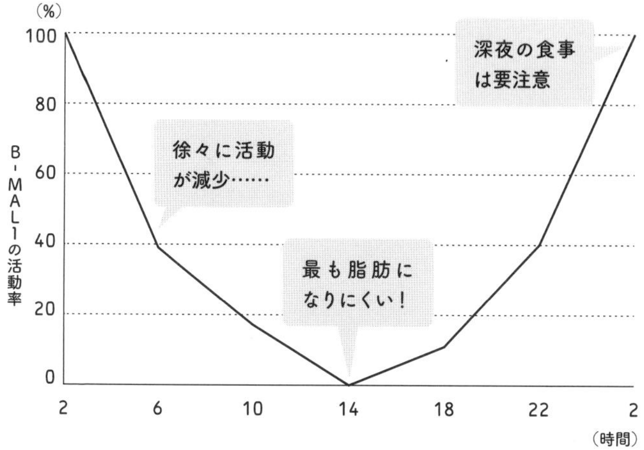
(%)
100
80
60
40
20
0
B-MAL1の活動率
2
6
10
14
18
22
2
(時間)
深夜の食事は要注意
徐々に活動が減少……
最も脂肪になりにくい!

こと。やはり夜遅くに食べるのは注意が必要です。ちなみに、活動が最も落ち着くゴールデンタイムは14時。**おやつを食べるなら、14時~15時くらいがいいでしょう。**

22時~2時の太りやすい時間帯は、できるだけお腹に何も入っていない状態が望ましいですが、仕事の都合などで夜遅い時間に食事をとらざるを得ない人もいるはずです。その場合は、夕食を1回で済ませずに、2回に分ける〝分食〟をおすすめします(詳細はP36)。

食べる時間帯をコントロールすることができれば、〝太りグセ〟の1つを克服できたことになります。

生活習慣
ボロボロ
タイプ
のやせ方

帰りが遅い人にぴったり！
分食のススメ

生活に合わせた「ゆるい分食」

（1）主食を食べるなら、18時までが理想！

夕食は18時までに済ませたいところですが、難しいこともありますよね。その場合、例えば主食と副菜を22時に1回で食べきるのではなく、**糖質量とカロリーが高い主食だけ、18時までに食べるようにしましょう。**

（2）18時までが難しければ21時までに！ 炭水化物は1／2に抑えて

18時が難しければ、21時までならＯＫ。ただし、炭水化物は通常の半分にするか、野菜などから食べ始めて糖質（炭水化物）を最後にとる「カーボラスト」を心掛けてください。

（3）夜食の誘惑に負けそうになったら、0カロリーゼリー

21時を過ぎたら、炭水化物やお菓子・果物など甘いものや高カロリーなものは控えたいところ。とはいえ、**夜更かししてどうしても食べたくなったら、0カロリーゼリーがおすすめ**です。お腹に何か食べものを入れるだけで落ち着く上に、甘さで満足感が得られます。

夜の食べ方を変えれば太らない！分食目安表

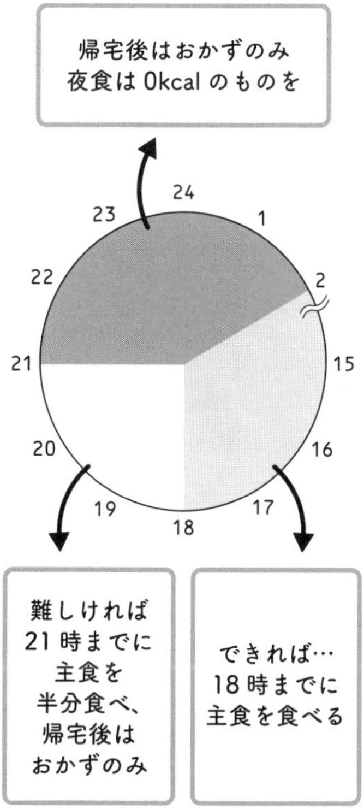

帰宅後はおかずのみ
夜食は0kcalのものを
24
1
2
15
16
17
18
19
20
21
22
23
難しければ
21時までに
主食を
半分食べ、
帰宅後は
おかずのみ
できれば…
18時までに
主食を食べる

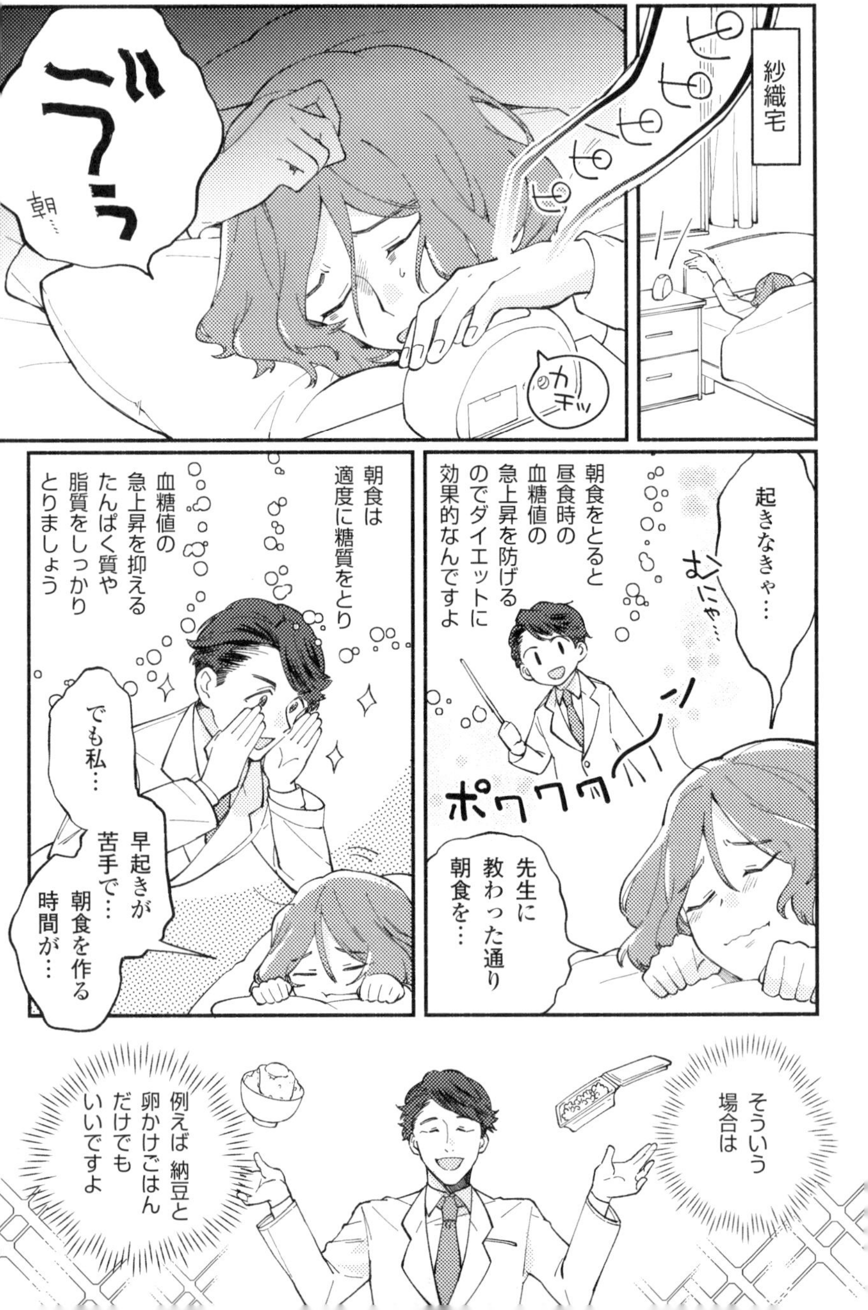
紗織宅
朝…
カチッ
起きなきゃ…
むにゃ…
先生に教わった通り朝食を…
朝食をとると昼食時の血糖値の急上昇を防げるのでダイエットに効果的なんですよ
朝食は適度に糖質をとり血糖値の急上昇を抑えるたんぱく質や脂質をしっかりとりましょう
でも私…
早起きが苦手で…
朝食を作る時間が…
そういう場合は
例えば 納豆と卵かけごはんだけでもいいですよ

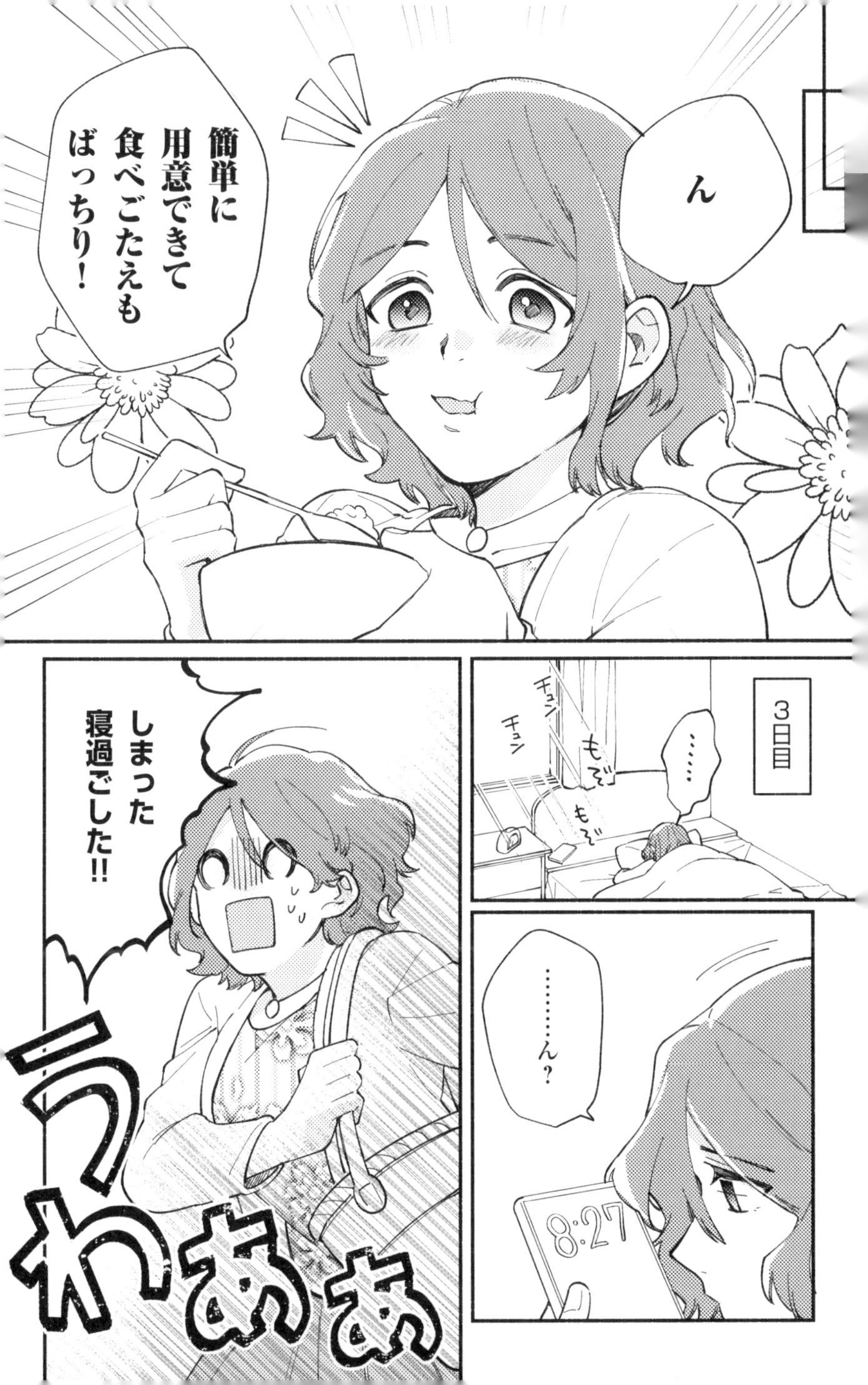
ん
簡単に用意できて食べごたえもばっちり！
3日目
チュン
チュン
もぞ
もぞ
……
………ん？
8:27
しまった寝過ごした!!
うわああ

プシュー…
はーっ 間に合った…
早起きがストレスならまずは睡眠時間をきちんととったほうがやせやすいですよ
1日3食のほうがやせるという話もその人のライフスタイルによるんです
自分のタイプや生活に合わせて〝ストレスが増えない方法を選ぶ〟ということです
睡眠をしっかりとると食欲を抑えるレプチンというホルモンが分泌され食欲を増進させるグレリンというホルモンが減少します
睡眠不足がストレスならばまずは睡眠を重視しましょう
食事と睡眠どちらを優先してもいいんです

ダイエット失敗の
おもな原因の
ひとつに
『自己嫌悪』が
あります
自分に合った方法を
選べば ポジティブに
ダイエットに
とり組めますし
自然とストレスも
軽減されて
結果的にやせられるん
ですよ
タタン
タタン
朝食は食べられ
なかったけど
いつもより眠れたから
なんだか調子が
いいかも！
今日も1日
頑張ろう

帰宅後
ただいま～
ふぅー 今日も疲れた…
でも分食（P36参照）したの18時ごろだしやっぱりお腹すいてるな～
おからヨーグルトでも食べよう
もぐもぐ
先生！0カロリーのゼリーなどに使われている人工甘味料が気になるんですけど…
食べ過ぎはよくないと…
それでしたら**おからヨーグルト**はどうでしょう
もぐもぐ！
おからパウダー
ヨーグルト
食物繊維が豊富「おからパウダー」
乳酸菌たっぷり「ヨーグルト（無糖）」
かけるだけ！
おから ヨーグルト
⇒詳しくはP48へ
腸内環境を整えつつ
短鎖脂肪酸《たんさしぼうさん》（やせ菌）やアディポネクチン（やせホルモン）を増やしてくれますよ
意外とおいしい

…そろそろ寝る準備しようかな
スマホのブルーライトをカットするだけでいいのよね
OFF!
ポチ
睡眠時間がどうしてもとれない場合は睡眠の質を上げることがポイント
ぐっすり眠るための方法をご紹介しましょう

ぐっすり眠れる３カ条

①胎児の姿勢と同じように横向きで寝る。

②ブルーライトは、スマホの設定でカット。

③朝１杯の牛乳を飲む。

理由は P47 で紹介

牛乳
スヤー……

朝食を食べると実は太りにくい！

朝食が脂肪を燃やし、基礎代謝を上げる!?

太る原因の1つである「糖質」をとらないダイエットが流行《はや》っていますよね。だからといって極端に控えたりカットしたりするのはNG。なぜなら糖質は人間にとって大切なエネルギー源だからです。また、「朝は時間がない」「昨晩食べ過ぎたせいで食欲がない」と言い訳をして、「朝食を食べない」という人が多いですが、ひょっとして「1食抜くことで糖質制限できるし、ダイエットに効果的」なんて思っていませんか？　それは大きな誤解です。人間の身体は一晩寝ると夕食を消化吸収し終えるので、目覚めたときには飢餓状態。**朝食をとらなければ代謝が上がらず、脂肪は燃えにくいままです。**そんな状態で昼食をとると、身体は朝とれなかった栄養をここぞとばかりに吸収しようとして血糖値が急上昇します。すると血糖値を正常に戻そうとするインスリンも過剰に分泌され、これが血中

食事と血糖値の関係

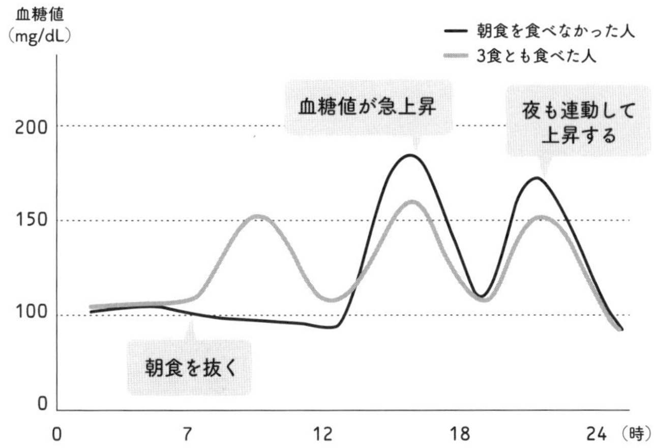
血糖値
（mg/dL）
朝食を食べなかった人
3食とも食べた人
血糖値が急上昇
夜も連動して
上昇する
朝食を抜く
200
150
100
0
0
7
12
18
24（時）

の糖分を脂肪に変えてしまうのです。

また、朝食に糖質をとると脳にエネルギーが充填《じゅうてん》され、仕事や生活に必要な力が備わります。そのため、朝食は抜かずに糖質をほどよくとることが大切なのです。

肉・魚・卵・大豆などのたんぱく質や脂肪は血糖値の上昇を抑えてくれるので、積極的に朝食にとり入れることをおすすめします。「朝からそんなに食べて平気？」という心配はご無用。なぜなら朝の消費エネルギーは夜の約4倍で、朝食はエネルギーに変わりやすいため、脂肪になりにくいという特徴があります。やせやすい身体をつくるのなら、朝食は糖質&たんぱく質&脂質をバランスよくとりましょう。

生活習慣
ボロボロ
タイプ
のやせ方

しっかり寝るとやせる!? 正しい睡眠とは

なぜ睡眠が〝やせ〟につながるの？

睡眠とダイエットは関連がないと感じる人もいるかもしれません。実は、それは大きな誤解！ 睡眠不足は、肥満をまねきかねないんです。その原因は、「レプチン」というホルモンにあります。**レプチンは、食欲を抑える役割を持つ**ことから〝肥満抑制ホルモン〟とも呼ばれており、睡眠時間によって分泌量が左右されます。**睡眠が足りないとレプチンの分泌が減り、逆に食欲が増す「グレリン」が過剰に分泌され、食欲が増す**のです。

最適な睡眠時間は個人差がありますが、7時間前後が望ましいといわれており、最低でも6時間は必要です。ちなみに、7〜9時間睡眠の人に比べて、5時間睡眠の人は52％、4時間以下の睡眠の人は73％も太りやすいという研究結果があります。睡眠不足はダイエットの天敵！ やせたいなら十分な睡眠をとれるように心掛けてみてください。

睡眠の質を上げてぐっすり眠る3つの方法

睡眠時間を確保することが大切だとわかっていても、毎日7時間寝るのは難しい人もいます。そこで、大切なのは睡眠の質を高めること。まず、意識したいのは「睡眠時の体勢」です。**横向きで枕を抱えるように〝胎児の姿勢〟で眠ると、お母さんのお腹にいたときの安心感を得られ、熟睡できる**といわれています。

また、就寝前にスマホで動画を見たりSNSに夢中になったりすると、脳が覚醒して眠りづらくなるので注意。せめて**スマホの設定でブルーライトをカット**して、刺激をやわらげましょう。翌朝は、睡眠ホルモン「メラトニン」の分泌につながる**牛乳を飲む**こともおすすめします。

睡眠の質が上がる3つのポイント

①胎児の姿勢と同じ横向きで

横向きで寝ると安心感が得られるだけでなく、呼吸も楽になるので安眠につながります。

②メラトニンを抑制するブルーライトをカット

夜はスマホを遠ざけるのが理想ですが、難しいもの。そこで、設定でブルーライトをカット！

③朝1杯の牛乳を飲む

牛乳に含まれるトリプトファンは14～16時間かけてメラトニンに変わるので、飲むなら朝が◎。

飽きずに楽しめる
ダイエット法紹介

おからヨーグルト

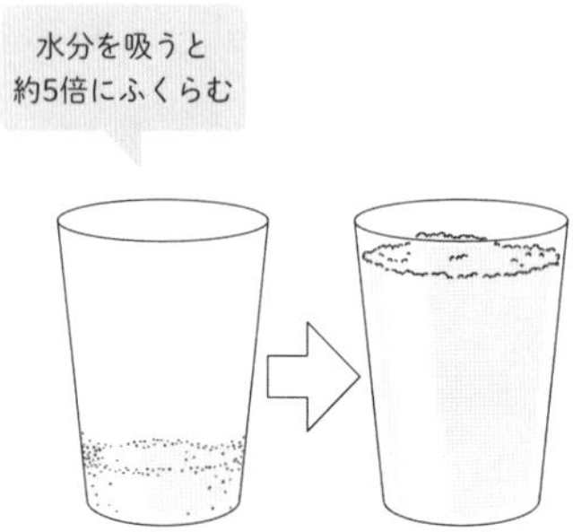

糖質の吸収を遅らせる食物繊維がたっぷりの「おからパウダー」。腸内環境を整えてくれる「ヨーグルト」に混ぜると約5倍にふくらみ、少量でお腹を満たしてくれます。

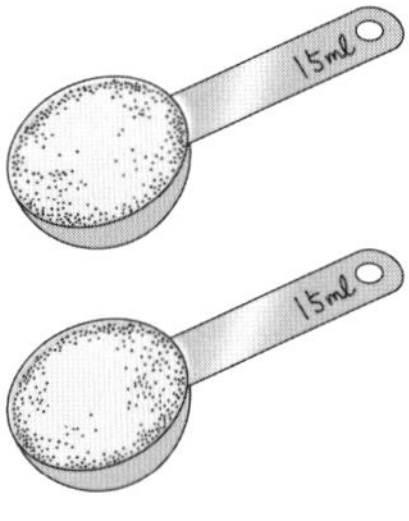

❶
おからパウダー
大さじ2を用意する。

❷
ヨーグルト大さじ8に
❶を加え、混ぜる。

ひとくちメモ

甘さが欲しければ、脂肪燃焼効果があるベリー系のジャムをちょい足し！

第2章

「間違ったダイエット」を見直せばやせる！

自己流に頼ったり勘違いしたりして失敗しがちなダイエット。「認識がずれているタイプ」は、考え方を改めればやせられます！

紗織ちゃん！久しぶり！
京子さん！
お久しぶりです
最近あまり会社に来ていませんでした？
そうなのよー親の介護でちょっとバタバタして休んでて
…というか紗織ちゃん少しやせた!?
あっわかりました？
そうなんですよ～3kgくらい！
ええ！すごいじゃない
工藤先生のダイエットちゃんとやってるの？
まぁ自分に無理のない程度ですけどね
でも無理がないから続いていていて！
へー偉いわねぇ…
フフ…
私なんか…

息子に『今度の授業参観に来ないで欲しい』って言われちゃって…
…友達のお母さんはやせててきれいなんだって…
フフフ…
う…子どもって素直…
工藤先生が教えてくれたNEAT《ニート》（P56参照）やってますか？
ううんやってるわよ
やっぱり運動することが1番やせるわよね！
今まで運動不足で太っていただけよ
これで息子が自慢できるお母さんになるんだから…！
ゼーゼー
はっ
はっ
ひょこ
あれ？浅倉さん？
こんにちはー
はぁ
はぁ
あ
工藤先生！

いつも このジムで 運動されてるん ですか？
いやー ちょっと最近 通いだして… 先生は？
私は週に1回 ゴルフレッスンに 来ているんです
ゴルフが趣味で 週末に打ちっぱなしを すると気分も リセットされるん ですよね
浅倉さんは… ずいぶん激しい 運動をされていた ようですね
あはは…
ゼー
ハー
…息子に 授業参観に 来なくていいと 言われて しまったんです
だから 運動して やせようと…
フフ…
…先日 アドバイスした NEATは やっていますか？
NEATって 運動ではなく 階段を上ったり 掃除機をかけたり 日常生活の中での エネルギー消費の ことですよね
ええっと…
運動の方が…

B ダイエットへの認識ずれてるタイプ
[18／24]
2 太るのは甘いものが好きだからだと思う
2 太るのは食べてすぐ横になるからだと思う
4 太るのは運動不足のせいだ
2 水を飲んでも太ると感じる
4 風邪をひいてもよく食べる
4 他人よりも太りやすい体質だと思う
浅倉さんは『ダイエットへの認識ずれてるタイプ』の傾向が強いので少し見直してみましょうか
…認識のずれ？
そのバイクマシーンだいたい何分くらいやられていましたか？
えっと40分くらいですかね
う〜ん
それを消費カロリーに換算するとだいたい180キロカロリーくらい
食べものでいうとおにぎり1つ分くらいなんです
えええ
え!? こんなに頑張ったのにそれだけしか消費されないんですか!?

いくら激しい運動をしても消費カロリーは思ったほど高くないんですよ
それに激しい運動は一時的には頑張れてもなかなか長続きしません
それよりも運動以外の身体活動によるエネルギー消費＝NEATを増やしたほうが無理なくやせられます
一気に走るより
コツコツ一歩ずつ！
でも…運動をせずにNEATだけで本当にやせられるんですか？
やっぱり運動のほうが…
肥満の人ほど座っている時間が長くNEATの割合が少ないという研究結果も出ているんですよ
やせている人ほどNEATをうまくとり入れて効率よくダイエットができています

NEATのとり入れ方はいたって簡単なので騙されたと思って少し続けてみてください
はい…
今日は動いたわー
ふーっ
……
少しやってみようかしら
よいしょ

ダイエットへの認識ずれてるタイプのやせ方

「運動なし」でもやせられる

NEAT《ニート》の効率がいい理由

ダイエットのためにジム通いやランニングを始める人は多いですよね。もちろん運動でカロリーを消費すれば、脂肪が燃焼して体重も減ります。でもみなさん、「運動すれば簡単にやせられる」と思っていませんか？

やせるためにどれくらいの運動をすればいいのか、具体的に考えてみましょう。例えば「パンケーキ1皿」のカロリーを消費するためには、約1時間のランニングが必要です。「1時間走って1食分も消費できない」と考えると、効率が悪いことがわかります。

そこで、**運動や食事以外でやせる方法としてとり入れたいのが「NEAT（ニート）」**です。NEATとは、「Non-Exercise-Activity Thermogenesis」の略称で、運動ではなく身体活動によるエネルギー消費のことを指します。例えば、通勤や家事、椅子の立ち座り

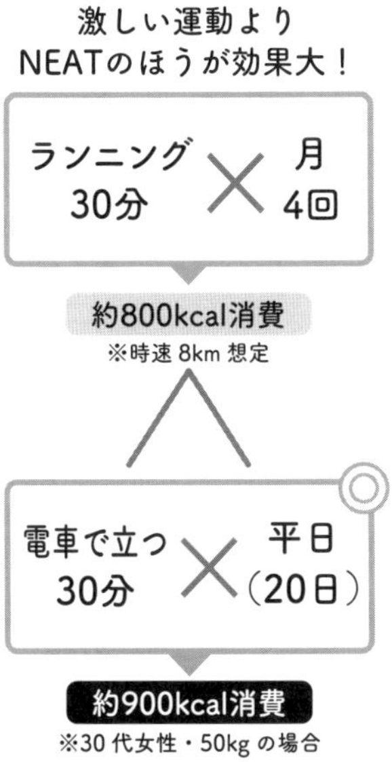
激しい運動より
NEATのほうが効果大！
ランニング
30分
月
4回
約800kcal消費
※時速 8km 想定
電車で立つ
30分
平日
（20日）
約900kcal消費
※30代女性・50kgの場合

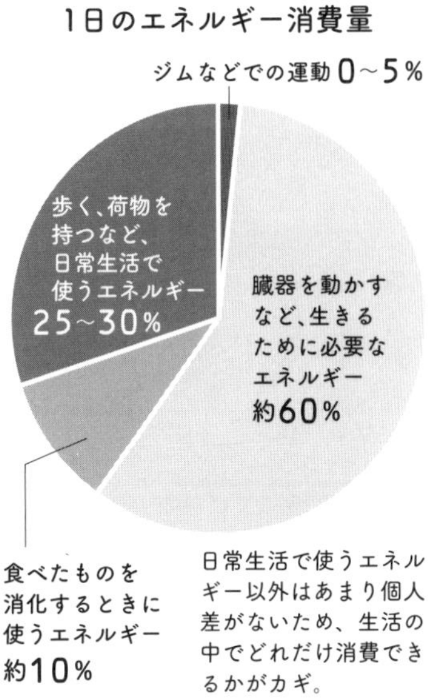
1日のエネルギー消費量
ジムなどでの運動 0〜5％
歩く、荷物を持つなど、日常生活で使うエネルギー 25〜30％
臓器を動かすなど、生きるために必要なエネルギー 約60％
食べたものを消化するときに使うエネルギー 約10％
日常生活で使うエネルギー以外はあまり個人差がないため、生活の中でどれだけ消費できるかがカギ。

もＮＥＡＴに含まれます。つまり、ごく普通の日常動作のことなんです。

ちなみに、肥満の人ほど座っている時間が長く、ＮＥＡＴの割合が少ないことが研究でわかっています。また、日常生活でテキパキ動くのと、ダラダラ過ごすのでは、毎日のエネルギー消費にショートケーキ１個分の違いがあるという研究もあります。

ということは、無理に激しい運動をしなくても、**日常の動作を活発に行えば、無理なく自然に消費エネルギーが増えることになります。**家事をテキパキこなす、通勤は足早に歩く、電車では立つ、駅では階段を使う。ちょっと意識を変えることで、ダイエットにつながりますよ。

職場の休憩室
はぁー
だるい…
ず――ん
ダイエットしながらも健康には気をつかってたのに…
甘酒
ビタミンC+
まさか風邪なんて
急な運動がよくなかったのかしら
午後はどうしても外せない会議もあるし…
ヨロ…
たくさん栄養つけて少しでも早く治さなきゃ…!
おかか
いただきます!

京子さん大丈夫ですか？
ひょこっ
紗織ちゃん！
これ レトルトですけど おかゆ買ってきましたよ
ありがとう
でも風邪ひいてるし しっかり食べて栄養とらないと…
食べれば治る！
え 京子さん それさすがに食べ過ぎじゃないですか？
でも おかゆだけじゃ栄養が足りないし早く治すためには…
工藤先生が**『栄養はすでにお腹にしっかり蓄えられているから風邪のときは粗食で大丈夫！』**って言ってましたよね？
うっ…！

しゅん…
やせてる人は風邪のときは食べられなくなることがほとんど
シュッ
逆に風邪のときに食欲が減らないのは異常なんです
これも『栄養をつけて風邪を治す』という認識のずれが生じています
風邪のときは胃腸を休めるのが一番
へえ〜〜〜
これも認識のずれですか…
ほかにも健康にいいと聞いた食品はなんでも試して逆にカロリーをとり過ぎてしまうのも認識のズレです
まずは健康への認識を変えましょう
スムージー
甘酒
ヨーグルト

風邪も逆手にとれば
ダイエットのチャンス
なんですよ！
紗織ちゃん
やっぱりおかゆ
食べるわね
！
それが
いいですよ！
食べたら
少し横になってて
ください
タッ
午後の会議の
準備は私が
しときますね
ありがとう
…！
紗織ちゃん
いい子だなあ…
あったかい…

ダイエット
への認識
ずれてるタイプ
のやせ方

「健康的にやせる」はダイエット失敗のもと

風邪をひいたときはやせるチャンス!?

風邪のときは身体がだるく、やる気が出ないもの。また、胃腸が弱っているため、普通は、おかゆやスープなど、消化のいい食べもので内臓や身体をいたわります。しかし逆に、「しっかりと栄養をとって早く治そう」と、たくさん食べようとする人がいます。**とりわけ肥満傾向の人は、「栄養をとらないと治らない」と言い訳をして、ガッツリと食べているケースがしばしば。**なかには、ここぞとばかりに高級なアイスクリームを食べたがる人もいますよね。

ちなみに、そういう人の食欲がなぜ衰えないかというと、風邪をひいていること自体がストレスになり、食欲の引き金になっているからです。風邪をひかないに越したことはありませんが、**もし体調を崩してしまったら、ダイエットにとっては好都合。栄養はお腹回**

りに十分蓄えられていますのでご安心ください。身体や胃腸のことを考えると、風邪をひいたら白湯《さゆ》や温かい緑茶を飲み、食べたとしてもせいぜいおかゆくらいに留めて、早く寝ることが大事です。

やせて初めて〝健康〟になる

「体調不良はダイエットの味方」と言ってしまうと極端かもしれません。しかし、**基本的に栄養価が高いものは、カロリーも高い**です。逆のことを言うと、「カロリーや糖質の低いものは、栄養価も低い」ということ。もちろん野菜などは例外ですが、「健康的にやせる」というのは、矛盾していることになります。やせるという行為そのものは、本来とても不健康なことなんです。

人間が生きものであるからには、たっぷりと栄養をとりたくなるのは当たり前。とはいえ、脂肪が必要以上についている状態こそ、健康を害する原因になります。「やせる過程」は不健康だとしても、「やせている状態（標準体型）は健康」です。肥満から抜け出してこそ、健康を手に入れられるのです。

飽きずに楽しめる
ダイエット法紹介

緑茶コーヒー

コーヒーに含まれる
やせ効果 クロロゲン酸
×
緑茶に含まれる
カテキン やせ効果
||
脂肪燃焼効果!!

コーヒーに含まれる「クロロゲン酸」と緑茶に含まれる「カテキン」は、ともに脂肪燃焼効果が！ また「カテキン」は血糖値の上昇を抑えてくれるので、ダイエットにぴったり。

ブラックなら
インスタントでもOK!
茶

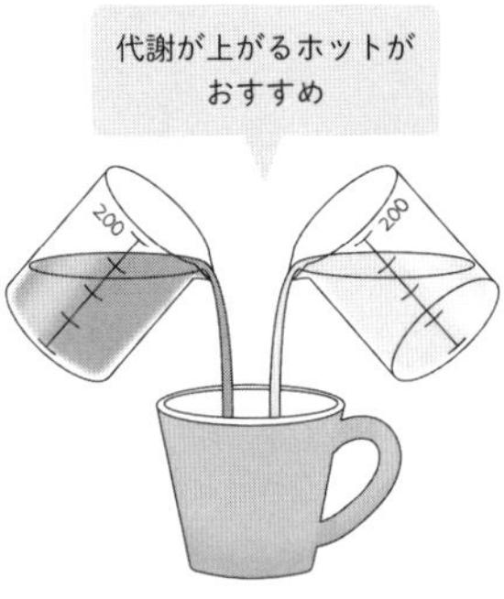
代謝が上がるホットが
おすすめ
200
200

❶
緑茶とコーヒーを用意する。カテキンが多い煎茶が◎。

❷
緑茶とコーヒーを1：1の割合で混ぜる。

ひとくちメモ

食前に飲めば過食予防に、食後に飲めば糖質の吸収を抑制する効果が。

第3章

「食べ過ぎる人」は〝感覚を研ぎ澄ませば〟やせる

空腹や満腹の感覚がわからないと、食べ過ぎてしまいます。「鈍感タイプ」は、五感を利用して満腹感を得ましょう。

浅倉夫婦宅
ただいま〜…
おかえり！ …って元気ないじゃない!?
へろへろ
…俺はもう消えゆく運命なんだ 今までありがとう…
子どもたちを頼んだよ…
しっかり！
なになに!? どうしちゃったのよー！
実は…今日会社の健康診断だったんだけど…
この1年くらいでまた体重が増えたみたいですね 血糖値の数値もだいぶ上がっています
まあ成長期かななんて〜
はは…

結果を率直に言いますとね
今までもメタボリックシンドロームだとお伝えしてきましたけど今年は糖尿病予備群にも引っかかっているんですよ
予備軍とはいえ このまま進行すると非常に危険です
…というわけなんだ だから助けてくれ…
まだ糖尿病って決まったわけじゃないんでしょ!?
予備軍の状態ならまだどうにか防げるんじゃないかしら
ギゅっ
でも 俺にはもうどうすればいいかわからないよ…
……

確かにこのまま
糖尿病になって
しまったらと
思うと心配だわ…
とはいえ
私も正しい
知識はないし…
…そうだ！
日曜日
ピンポーン
ちょっと
出てくれる？
手がはなせないから…
いいよー
はいはい
今開け
ますよ…
ガチャ
って
工藤先生!?
こんにちは
にゅっ

…という わけでして
なるほど そんなことが…
あの 僕はもう 長くないんでしょうか…
ガタッ
そんなことは ありませんよ！
予備軍の状態なら 食行動を 変えていくだけで 十分防げます
よかった…！

まずは優二さんが当てはまる空腹・満腹感覚がわからない『空腹？満腹？鈍感タイプ』を改善していきましょう
C 空腹？ 満腹？ 鈍感タイプ
[19／24]
4 空腹になるとイライラする
3 空腹を感じると眠れない
3 たくさん食べてしまった後で後悔する
2 食事の前にお腹がすいていないことが多い
3 空腹や満腹感がわかない
4 お腹いっぱい食べないと満腹感を感じない
言われてみればいつもお腹がはちきれそうなくらい食べてるかも…
確かに一緒に食べながら見てたけどそんなに入るの？って思ってた
ぷに
おいしいおいしいって食べてくれるのは嬉しいんだけどね
まさにそれは満腹感がわかっていない状態ですね
だっておいしいから〜
ごちそうさまです

ところであの食器棚に入っている特大のごはん茶碗は優二さんのものですか？
あ そうです
よく食べるので家族の中でも1番大きいんですよ
なるほど そのごはん茶碗も優二さんの食べ過ぎを助長してしまっている原因ですね
どんっ
父飯
え!?
例えば 息子さんと優二さんのお茶碗に同じ量のごはんを盛っても
ちまっ
どんっ
父飯
息子
視覚的には息子さんのほうが多く盛ってあるように見えるんですよ
お茶碗に盛られたごはんが少なく見えるせいで食欲が湧き食べ過ぎにつながっているんです
なんと…！

飲みものも同じで
細長いグラスと
太くて低いグラスに
同じ容量を入れても
細長いグラスのほうが
たっぷり入っている
ように感じて飲み過ぎ
を防げるんですよ
へー！
視覚から
食べる量が
抑えられるって
ことですか？
その通り！
満腹感は
視覚から
感じることが
できるんです
よし！
じゃあうちの
食器は全部
小さいサイズに
買い替えだ！
ちょっと！
いきなり
そんなに
買い替えられ
ないわよ
食器は少しずつ
替えていくとして
もう少し手軽な
方法は
ありませんか？
しゅん…

BLUE
それならまずは食事の際に青をとり入れてみるのはどうでしょう?
ランチョンマットやお皿を寒色系のものに替えるだけでもいいですよ
青はもともと自然界には存在しない色なので青系のものは食事と認識しづらく自然と食欲が減るんです
青色の食器なら探せばありそうです!
なるほど!
てことはもしかして逆に赤やオレンジなどの暖色系は食欲が増すんでしょうか?
まさか…
その通り!
だからこのテーブルクロスも食欲を増す一因になっているかも
あちゃ〜…
これも探してみますね

空腹？満腹？
鈍感タイプ
のやせ方

目の錯覚がダイエットに効く！

脳を騙して、少量で満足感を得る方法

「食事の量を減らしたいけど、たくさん食べないと満足できない」という人に、ぜひ試してもらいたいのが**視覚で脳を騙す方法**です。みなさん、スーパーなどで出来合いのお弁当や惣菜をいくつかの中から選ぶとき、量が多そうなほうをとったことはありませんか？ **人は、「見た目」をもとに脳が食べる量が多いか少ないかを判断しています。**この仕組みを使って、

すぐにできる！ 目の錯覚テク

①食器を小さくする

同じ量でも大皿より小皿に盛りつけたほうが、量が多いと脳が勘違いするので食べ過ぎを防げます。

②グラスは細長い形で

低くて太いグラスよりも、高くて細長いグラスに入っている飲みものは、実際の量よりも多く見えます。

③寒色系の色でテーブルコーディネート

青系の色は食欲を減退させる色。食器やテーブルクロスなどに積極的にとり入れましょう。

脳は満足しているのにお腹には適切な量しか入っていない状態をつくり出しましょう。

"1食分"の思い込みが食べ過ぎにつながる

アメリカでは、販売されている食品の1食分の量が1980年代から急増し、それに比例して国民の体重も増加傾向をたどりました。このことから、「これが1食分の量」と提示されると、それがたとえ多くても食べる量の目安になることがわかります。アメリカのペンシルベニア州立大学で行われた、こんな実験があります。マカロニ&チーズを500g、625g、750g、1000gと、4パターンを用意し、それぞれ「1食分の量」として51人の成人に提示。参加者を2つのグループに分けて、半数には皿に盛りつけた状態で渡し、半数には各パターンの上限の量だけ提示して大皿から好きなだけとってもらいました。すると両グループとも、渡された量と提示された量に比例して食べる量が増加。500gなら500g、1000gなら1000g近く食べてしまったのです。しかし食後の満腹感は、どのパターンも100点満点中80点前後と差がありませんでした。

この実験はつまり、**人は「1食分として提示された量を適量とみなして食べている」**ことを示しています。まずは自分の1食分を見直してみましょう。

時刻11時45分――
グウウウウウウ
キュルルル
先輩 今お腹鳴ってますよね？
き気のせいじゃないかなぁ
じ…
いや鳴ってますよ
そういえばいつも10時くらいにお菓子食べてたのにやめたんですね
よく見てるな
目立ってましたから！
お休憩時間だ！
ランチ行こうか！
最近 空腹を感じたことはありますか？
え!? 空腹感？
もちろん感じますよ！

では 最近 お腹がぐぅっと 鳴ったのは いつですか？
えーっと…
いつでしょうね？
そういえば 久しく ないかも!?
私も！
基本的に お腹がぐぅっと 鳴る状態は お腹がすいた というサインです
お腹が鳴ることは 医学的にいえば 胃袋が最後の食べもの を腸に送っている 『空腹期収縮』 という現象なんですよ
太っている人は 少しお腹がすいたら 食べてしまうので 常にグラフの 上のほうで 生活をしています
満腹
太
優二さんは まさに この上の 辺りで 生きています
やせ
空腹
一方 **やせている人は しっかり空腹を感じて から食事をする**ので グラフの下のほうで 生活をしています

お腹が鳴ったら
空腹のサイン
ということは
わかりましたが…
会社勤めを
していると
昼休憩の時間が
決まっているので
お腹がすいて
いなくても
食べることが多くて
そういう場合は
その時間に
お腹がすくように
食事量を
調整しましょう
朝ごはんを
食べ過ぎていたり
10時くらいに
お腹がすいて
いないのに
間食していたり
しませんか？
こんな風に調整！
朝食
空腹
昼食
空腹
夕食
ははは
そんなこと…
あるかも
確かに朝も
あの特大茶碗で
2杯は
食べてるわよね…
ポテト
100%
心当たりが…
わかりました！
家での朝食は
ランチタイムで
お腹がすくような
量に調整して
みます
親子丼
天丼

ドンッ
いただきまーす！
あー
やっぱり
ここの
親子丼は
最高！
じーーーん
そっすねぇ！
お腹が
すいた状態で
食べるといつもより
さらにおいしく
感じるなぁ…！
いつもより少なめで！！
あいよっ

先輩
今日仕事
終わったら
飲みに行き
ましょうよ！
先輩の同期の
林さんとか
ほかにも何人か
誘ってるんで
おぉ！
林とも最近
飲んでないし
1杯いくか！
山ビル
それでは
カンパーイ！
カーンッ
ハイこれ
回してー
あれ
浅倉が料理を
とり分ける
役なんて
珍しいじゃん！
いつも食べて
ばっかり
なのに
工藤先生
会社の昼休憩は
いつも後輩を
連れてランチを
食べに行くんです
それに夜は
会社の飲み会も
あるし
食事量を調整
しにくい外食は
我慢しなきゃ
だめですか？

その我慢で
逆にストレスが
溜まっては
もってのほか
ストレス大敵
外食は
人と楽しみながら
食べることを
優先しても
構いません
例えば
飲み会ならば
下座に座って
世話役に回る
だけでも
自然と食べる量は
減りますよ
周りからの
株も上がって
一石二鳥!
スッ
これからの
俺はひと味
違うんだ!
これ食べる?
とり分けるよ
ササッ
おお…
おおう
ありがとう
なんか調子
狂うなぁ

空腹？満腹？
鈍感タイプ
のやせ方

お腹がすいてから食べると「やせる胃」になる

太っている人とやせている人、差は「胃」にあり？

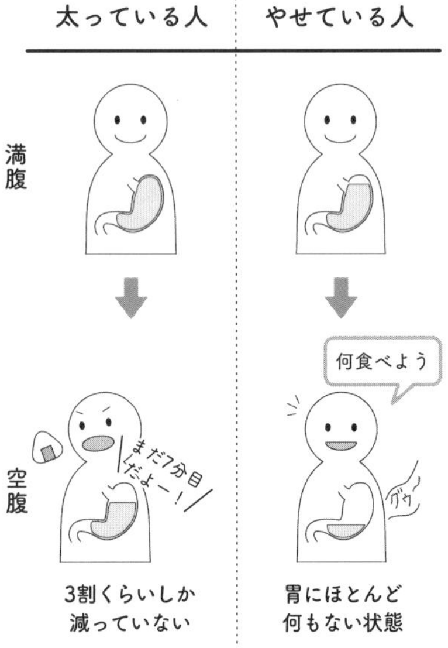
太っている人
やせている人
満腹
空腹
まだ7分目だよー！
何食べよう
グウ
3割くらいしか減っていない
胃にほとんど何もない状態

お腹がグーグーと鳴るのは、胃袋が最後の食べものを腸に送っている合図。医学的には「空腹期収縮」と呼ばれる現象です。本来、この状態になってから次の食事をとるのが望ましいです。「小腹が減ったから何か食べよう」と、まだ2〜4割も食べものが胃に残っている状態で食事を繰り返すと、胃袋が大きくなり満腹感を得にくい身体に。**ものを食べるのは「お腹が鳴ってし**

ばらくしてから」と覚えておいてください。

外食でも問題なし！ 飲み会との付き合い方

飲み会の場で、お酒のせいで解放的になってしまい、つい食べ過ぎて後悔した経験はありませんか？ どんな場所であろうとも、飲み食いする量が増えれば、血糖値は上がりますし体重も増えますが、飲み会だとそれが顕著になりがちです。

では、どうすれば飲み会での食行動をコントロールできるのでしょうか。**まずは、「飲み会は社交の場であり、積極的に食事をとる場ではない」と割りきって考えること**です。食べものをとり分けたり、飲みものを注文したりするなど、世話役に回るのもおすすめ。自然と食べる機会が減る上に、周囲からも感謝されて一石二鳥！

そして、食べ過ぎを防ぐには、空腹状態で飲み会に参加しないことがポイント。お腹がすいていたら、加工されていないナッツやチーズ類を軽く食べてから参加しましょう。

どうしても食欲が我慢できないときは、お酒は控えめにして、魚や肉、野菜を食べるように心掛けてください。また、洗面所やトイレの個室で鏡を見たり、その場で自分のお腹を見たりするのも効果的。きっと冷静になれるはずです。

COLUMN

飽きずに楽しめる ダイエット法紹介

きゅうり

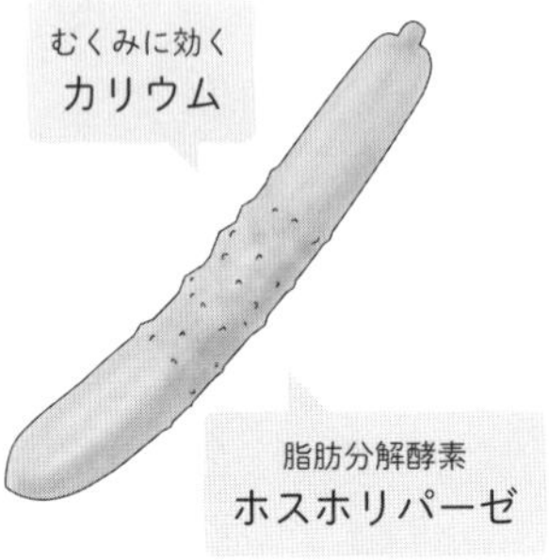

きゅうりには、脂肪を分解する酵素「ホスホリパーゼ」が含まれています。利尿作用をもたらす「カリウム」も豊富に入っているので、むくみもとれてすっきり。食卓の１品に！

❶

きゅうり１本を小口切りにする。削りかつお節７ｇをからいりする。

❷

ボウルに❶のきゅうりを入れ、削りかつお節をまぶし、器に盛る。

ひとくちメモ

酵素は熱に弱いので生食で！ 低カロリーなのでたくさん食べても安心です。

第4章

無意識に「デブ行動」をとる人は行動心理学でやせる！

長年の習慣で、“無意識のうちに太りやすい行動”をとっていませんか？「デブ行動」に気づくことが、“やせ”への近道です！

休日
あっ
浅倉さんご夫妻
こんにちは！
うわああっと
工藤先生…!?
よくお会い
しますね…
今日は家族で
お買いもの
ですか？
びっくりした……
こんにちは
そう
なんです
こっちは
息子の優太と
優輝です
こんにちは〜

僕によく似てかわいいでしょう？
ぽっ
ちゃ
りー
そうですねかわいいですね～
ねぇママお菓子持ってきていい？
しょうがないわね～
1個だけよ
わーいおかし～
…で
この買いものの量
4人分ですか？
こんもり
あはい
おもな分は毎週末に買い溜めしているので
だいたい1週間くらいで使いきる量です
さすがに1日分じゃないですよ

この量の食材を1週間で使いきっているなら毎食の食事の量もずいぶん多いのでは?
子どもたちが残したら最後は私が食べますし…
そうすると1食分プラスα《アルファ》になってしまってどうしても食べ過ぎだと感じませんか?
でも子どもたちが残したものだから仕方がないですよね
食べ過ぎてしまう理由をごはんを残すお子さんたちのせいにしているなんて
お子さんはどう思うでしょうね?
…っ

長年の習慣で大量に食材を買うことが当たり前になっていて
料理も自然とつくり過ぎてしまう
そしてその量を食べきることが普通になっている
これはまさに『無意識のうちにデブ行動タイプ』なんです

D 無意識のうちにデブ行動タイプ

［30／36］

- [3] 食材を買うときは、必要量よりも多めに買っておかないと気が済まない
- [4] スーパーなどでおいしそうなものがあると予定外でもつい買ってしまう
- [3] 料理はいつも多めにつくってしまう
- [4] 食後でも好きなものなら別腹だ
- [4] 残った料理はもったいないので食べてしまう
- [3] 外食の際、品数が少ないと不満である
- [4] 外食や出前をとるときは多めに注文してしまう
- [3] 他人が食べているとつられて食べてしまう
- [2] お付き合いで食べることが多い

この一連の食行動を正すには
まずは食材を買い過ぎないことです
そのためのポイントが2つあります
食べ過ぎ防止！
①マイナス１人分の食材を買おう。
（肉のパックは中サイズから小サイズへ、袋菓子は買わず個包装のものを）
②レシートの金額を記録する。
（節約できていることを実感！）
目に見える成果！
食材をマイナス1人分にすることで節約にもなります
浮いたお金で何か買うなら おしゃれや美容のためになるものがおすすめ
ダイエットへのモチベーションにつながりますよ！
じゃあ あのワンピースも買えちゃう!?
僕はスーツを新調しようかなぁ
でも 仕事や家事で忙しいから記録し続けられるかしら…

それならスーパーに行くときは 財布に入れるお金を少なめの額に制限するだけでも効果がありますよ
キャッシュレス派の人なら家計簿アプリと連動させて管理するといいかも
なるほど！
よーし この方法で細身のスーツを着こなしちゃうぞ
ちょっと私のワンピースが先よ？
帰路
2人のお小遣いもアップできるように頑張るからね！
パパたち頑張るよ！
うん

無意識のうちにデブ行動タイプのやせ方

衝動買いを抑える！6つの解決法

買いものするときのデブ行動をやせ行動に変える

太りやすい行動や習慣が無意識のうちに身についている人がいます。そうした人の日常生活で**とりわけ〝デブ行動〟が目立つのが、買いものの場面。**例えば、スーパーに夕食の食材を買いに来たのに、**気持ちの赴くまま必要以上の食材やお菓子を買い過ぎてしまうこと**です。家に食べものが余計にあると、結局は食べる量の増加につながります。では、なぜデブ行動をとってしまうのでしょうか？それは自分の状態や気持ちのありように問題があるため、食べものを見るだけで刺激になり、欲望に抗えなくなってしまうからです。

そこで、**空腹状態で買いものに行くのを避けたり、何を買うかをしっかり決めたりして、食べものを買い過ぎないようにセルフコントロールすることが大切**です。まずは左ページで紹介する6項目を実践して、デブ行動を〝やせ行動〟に変えていきましょう。

買いものするときのやせ行動一覧

1 空腹の状態で行かない

買い過ぎる原因に。ガムを噛みながら行くと満腹中枢が刺激されて買い過ぎを防げるので◎。

2 入店前に何を買うかイメージトレーニング

必要な食材を考えるとともに、店内での動線もイメージしておくと、買い過ぎを防げます。

3 財布の定額制

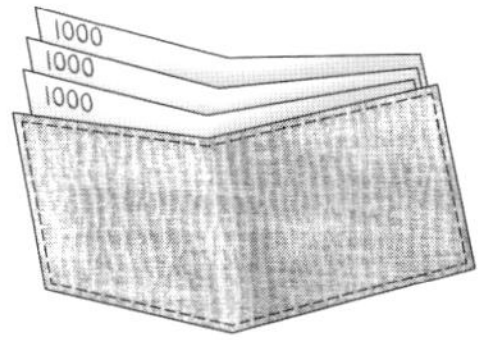

"マイナス1人分の量"に必要なお金を持参。キャッシュレス派は家計簿アプリを利用して。

4 肉のパックのサイズ

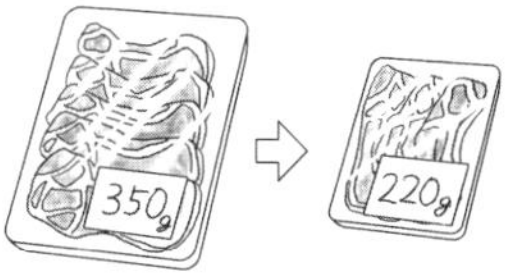

"マイナス1人分"の目安として、肉のパックは大→中、中→小サイズに変えてみて。

5 お菓子の選び方

食べきらないといけない袋菓子は避け、個包装のものを。おやつはナッツやチーズがおすすめ。

6 食費の家計簿をつける

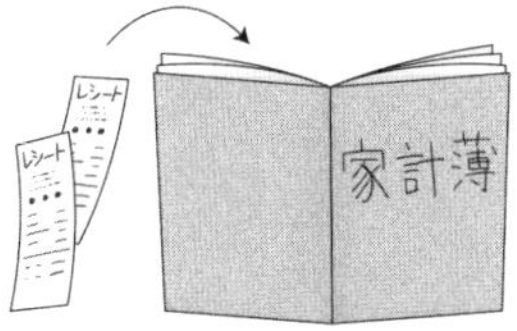

"マイナス1人分"の効果を実感できるのが食費。金額を記録してやる気につなげましょう。

浅倉夫婦宅
子どもたちがいないとだいぶ静かだなぁ
そうね
いとこのおうちのお泊まり会仲よくやってるといいけど…
またまには落ち着いた食卓もいいわよね
そうだね！
新婚気分！
それにしても前よりだいぶ夜ごはんの量が減ったよね 今くらいがちょうどいいよ
やっぱり？
あの子たちにたくさん食べてもらおうと作っていたけど改めていかに作り過ぎていたか実感したわ～
食費も全然違うのよね…
ワンピース貯金

そういえば工藤先生が
肥満は身近な人に
感染するって
言ってたよな
言われてみれば
息子2人も
ぽっちゃりかも…
私たちが原因だったのね…
ごめん…
数日前
ひ 肥満は
感染するー!?
そうです
人には食べる量を
食事する相手に
合わせる性質が
あります
例えば
気になっている人と
デートで食事に
行ったとき
相手に気に
入られようと
食べる量を抑えたはず
私小食で…
ボクもだよ…!
確かに
その昔
妻と初めて
デートしたとき
そんなことを
思ったかも…
『その昔』
とかやめて!

でも 今旦那と食事していても“食べ過ぎ”と思われないように…なんて考えませんよ
そう
親密な人の場合は逆に相乗効果で食べる量が多くなりがちなんです
!?
家族でごはんを食べているとき相手にネガティブな印象を持たれないようにという意識はないですよね？
はい むしろ“旦那が食べるなら私も！”と思うかも
まさにそれが肥満が感染するということなんです
ビシィッ
そんな！
じゃあ僕らはもう感染しているんですか!?
安心してください
食事の量を相手に合わせるわけですから
肥満だけでなくやせることも感染するんですよ

ということは家族みんなで食行動の改善にとり組めば…
家族みんなにやせることが感染していきます！
家族にやせることが感染するようみんなで改善していけるといいわね
ごちそうさまでした
そうだな
あとすぐに食べないものは目につかない場所に移動！
OK！
NG！
手にとりやすい場所にも置かない！
食べものを見るだけでより食欲が湧いたり
すぐとれる場所にあるとつい食べ過ぎたりするって先生も言っていたわね
引き出しの中や高い棚にしまうのもいいわね
家族で協力して食行動を正していこう！
片づけも一緒に！

無意識のうちにデブ行動タイプのやせ方

「友達がデザートを食べるなら食べちゃお！」
集団心理で太るワケ

人との食事で食欲が増進する？

「1人で食事をとるときより、友人との食事や大人数での飲み会になると余計に食べてしまう」なんて経験はありませんか？ これは、食べるという行為が、「おいしいものをたくさん食べたい」という自分の内的な欲求だけではなく、**外的な要因によって食欲が増進しているから**です。逆に、**外的な要因で食欲が抑制される**こともあります。例えば、これから恋愛に発展しそうな相手とのデートや、打ち合わせを兼ねたクライアントとの食事会のとき、果たして〝どか食い〟するでしょうか？ あまり食欲が湧かなかったり、「がっついている人」と思われたくなかったりして、少ししか食べないものですよね。それは、**〝他人の目〟という外的な要因によって、食行動が抑制されているから**です。

私たちは、少なからず特定の相手の目にどう映るかを意識しながら生活しています。「好

食事する人数によって変化する アイスクリームの摂取量

	1人で食べた場合		3～4人で食べた場合
男性の摂取量（g）	113.8	2倍以上UP！	245.6
女性の摂取量（g）	76.9	1.6倍UP！	128.5

出典：アメリカ、ノース・ダコタ州立大学のベリー博士らが行ったアイスクリームの味覚評定実験（1985）より改変

きなものが目の前にあったらたくさん食べたい」というのが本音だとしても、周りの人から〝食べ過ぎ〟の印象を持たれたくない気持ちが先行するのです。

つまり「誰と一緒に食べるか」によって、食べる量が増えたり減ったりするということ。ただ、必ずしも自分が相手にどう思われたいかで左右されるわけではなく、基本的には、**一緒に食事をする人がたくさん食べる人であれば自分の食べ過ぎの基準が上がり、逆に少量しか食べない人なら基準が下がる傾向にあります。**みんながデザートを注文しているのに自分だけ注文しないのは難しいかもしれませんが、注文前に冷静になってみてくださいね。

無意識のうちにデブ行動タイプのやせ方

食べものの「置き場所」を変えればやせる！

食事に〝便利さ〟は禁物

手が届く場所にお菓子があって、つい食べてしまったことはありませんか？　それは、自分と食べものとの物理的な距離が、食行動に影響を与えているからです。アメリカのワンシンクという研究者が行った面白い実験があります。16名が働くオフィスにチョコレートの箱を30個置きました。場所は「机の上」「引き出しの中」「離れた棚の上」の3カ所。1週間ごとに場所を変え、計3週間で「どの場所に置いたときに1番チョコレートが食べられているか」を調べたところ、結果は最も目につきやすく手が届きやすい「机の上」でした。

このことから、同じ食べものでも置き場所次第で、食行動が促進されてしまうことがわかります。**裏を返せば、食べものはできるだけ見えないところやとり出しにくいところに置いておくことで、食行動を抑制できる**といえるでしょう。

食べものを遠ざけるテク一覧

① 食べものを
視界に入れない

② 食べものをとりやすい
ところに置かない

③ 残りものは
すぐにしまう

④ テレビで食べものが
映ったらチャンネルを
変える

飽きずに楽しめる
ダイエット法紹介

[しょうが]

昔から、身近にある漢方として重宝されてきたしょうが。しょうがを加熱することで生まれる成分「ショウガオール」は、身体をあたためて脂肪燃焼を促進してくれます。

❶

すりおろしたしょうがを耐熱容器に入れて、水をひたひたに注ぐ。

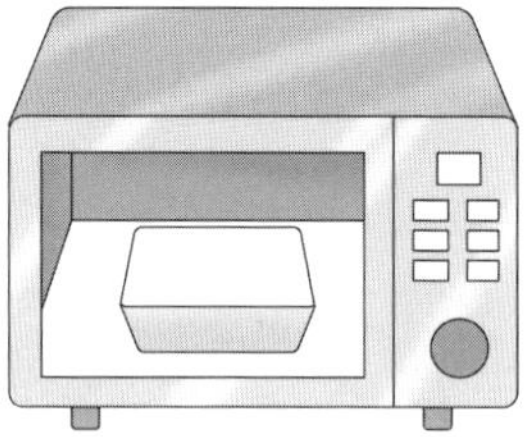

❷

ラップをして、電子レンジ（500W）で約4分加熱。紅茶、ココアなどに入れて飲む。

ひとくちメモ

100℃以上で加熱するとショウガオールが壊れてしまうので要注意！

第5章

「ストレス食い」「高カロリー好き」は食べ方を工夫してやせる！

「ストレスが溜まりやすい」「高カロリーなものが好物」というタイプの食行動の見直し方法を提案。停滞期の乗り越え方も必見です。

紗織宅
また減ってない…
ズーーン
これで約1週間…
体重グラフ
ていうかむしろ少し増えてる…?
ううう
糖質制限まで始めたのになんで…!!
助けて工藤せんせぇぇぇぇ…
数日後
彩《いろど》りブッフェフェア
やあ
あれっ
なんで優二さんが…?
こんにちは

実はお2人から同じようなご連絡があったので今日は3人でお話ししようかと
そうなんですね！
私…最近本当に体重が減らなくて…
停滞期ってやつね～…
わかる
僕もまったく同じ状況ですよ～
なのに…
ブッフェに来ていいのでしょうか…？
はやくはやく！
大丈夫ですよ！
今日はおいしいごはんを好きなように食べましょう
わぁ～～～っ

あれ？石田さん炭水化物は食べないいんですか？
おいしそうなものもたくさんあったのに！
ピラフとかパスタとかピザとか…
？
私は糖質制限するようにとは言っていませんよね？
実は私少し前から糖質制限を始めたんです
でもやせないいんですよね…
制限しないのは理由があって
〝やせることを目的とした食事制限は2～3年後には効果を維持できない〟からなんです
えっ
2～3年後には体重が戻ってしまうんですか⁉
そうならないために食行動を改善しているんです
まずは糖質制限をやめてみましょうか

我慢することでかえって食べたい欲が高まり
ストレス太りの可能性がありますよ
E ストレスからどか食い タイプ
[12／16]
1 冷蔵庫に食べものが少ないと落ち着かない
3 身の回りにいつも食べものを置いている
4 イライラしたり心配事があったりするとつい食べてしまう
4 何もしていないと、つい食べてしまう
そう…だったんですね…
でもお米が大好きなのでホッとしました
僕も大好きだから食べられないとストレスが溜まる気持ちわかるなぁ
人には特定の食べものに対して強い欲求が湧く〝食物渇望〟があり
日本人の場合それがお米などの炭水化物である傾向が強いんです
私の食物渇望はまさにお米だったんだなぁ…
それを我慢してストレス太り…

例えば私はストレスを緩和させるために漢方を処方することもあります
……
心と身体を整えるために漢方の力を借りるのも手！
（詳しくはP112へ）
それとここだけの話…
停滞期のときには無理やり体重を下げてみるのもアリです
コソッ
無理やりって…ボクサーの減量期みたいに？
そう！
例えばサウナに行った後体重が300gくらい減っていることがありますよね？
半日だけのプチ断食や岩盤浴など自分のやりやすい方法で大丈夫
それをグラフにして下降した線を見ると脳内でβ《ベータ》－エンドルフィンが分泌されます

やる気をくれるホルモンを出させるってことですね！
なるほど！
でも急激にやせるダイエットはしないほうがいいような…？
身体に悪いって？
確かに世間では体重を計画的に落とすことが推奨されています
目標
1週間で −250g
1カ月で −1kg
でもロボットじゃあるまいし常にその通りにいくはずありません
まずは無理やりグラフを動かしてやる気を出し気持ちを新たに頑張るのもいいですよ
−300g！
確かに最近モチベーションだけじゃなくて自己嫌悪に陥っていたかも…
人間なんだから仕方がないと受け入れてネガティブに考え過ぎないように！
一緒に頑張っていきましょうね
はいっ！

7タイプ
共通の
やせ方

一時的な停滞期から早く抜け出す方法

そもそもカロリー制限は〝肥満を改善しない〟と知る

食事制限ダイエットでは、確かに体重は減少します。しかしその成功は長く続かず、リバウンドする人は後を絶ちません。アメリカのカリフォルニア大学が、「カロリー制限のダイエットが有効かどうか」を調査したところ、**1／3から2／3の参加者が、長期的には体重が増加していた**ことがわかりました。**カロリー制限は短期的な体重**

ダイエットした人／しない人の5年後のBMI値の変化量

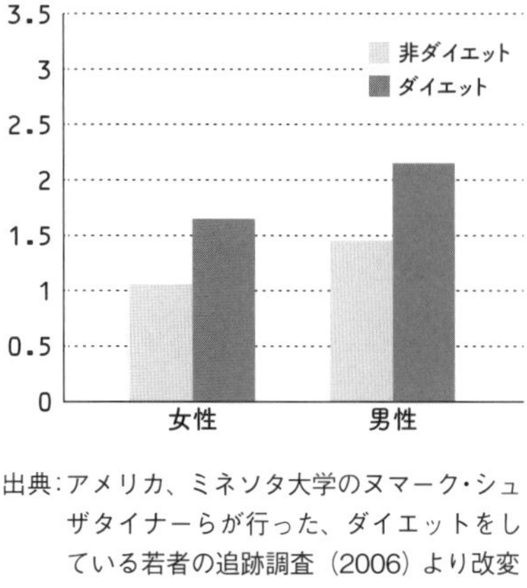

3.5
3
2.5
2
1.5
1
0.5
0
非ダイエット
ダイエット
女性
男性

出典：アメリカ、ミネソタ大学のヌマーク・シュザタイナーらが行った、ダイエットをしている若者の追跡調査（2006）より改変

減少しか見込めず、肥満を抜本的に改善することは難しいのです。

停滞期を乗りきる3つのコツ

ダイエットには停滞期があるもの。とはいえ「停滞期が長過ぎて不安」「我慢するのがストレス」という人のために、停滞期を乗りきるためのコツを3つ紹介します。

(1)「プチ断食」で太りにくい体質を手に入れる

「1日の食事を12時間以内に収めれば太りにくい」「1日のうちで13~14時間食べない『プチ断食』をするとやせる」という、アメリカで行われた実験結果があります。

(2) 大量に汗をかくなど、好きな方法で一瞬だけでも強制的に体重を減らす

体重が少しでも減ると、気分が高揚する神経伝達物質「β《ベータ》-エンドルフィン」が分泌され、やる気が復活! 運動やサウナなどで汗をかき、強制的に体重を減らしてみましょう。

(3) 体重グラフ日記には「できたこと」「明日の目標」だけを書く

ダイエットで達成できなかったことばかりに目を向けると、ネガティブな気持ちになってしまうものです。そこで、体重グラフ日記には「今日できたこと」と「明日の目標」を書くよう徹底しましょう。その積み重ねがダイエット継続の自信につながります。

ストレスからどか食いタイプのやせ方

ストレスに効く！プチ漢方講座

心と身体を整えてやせやすくする、漢方のチカラ

漢方とは、薬効を持つ植物や鉱物などを使った天然由来の薬、「生薬」を複数組み合わせたもの。また、そうした処方を行う医学のことを指します。生薬は身近なものだとしょうがや胡麻、山椒などがあり、組み合わせる生薬の種類や量、配合する割合などで薬効が変わります。もともと中国の医学だと思っている方が多い漢方。ルーツは確かに中国なのですが、古代中国に伝わる「中医学」を日本独自にアレンジしたものなので、日本人の身体に合っているといえます。また、**「不調の箇所を治す」というよりは、「身体全体の体調を整える」という考え方にもとづいており、もちろんダイエットの大敵であるストレスや、不安の改善が見込める漢方も多数存在する**のです。次ページでは、私がダイエット外来で患者さんに処方する代表的な漢方をご紹介します。

〔　ストレスをやわらげる　漢方一覧　〕

抑肝散《よくかんさん》

特徴	神経の高ぶりを鎮める薬。ストレスによる影響を除き、自律神経を安定させます。
使い方	並の体力で、些細なことで怒りやすい、イライラして眠れない人などに。

加味《かみ》逍遙散《しょうようさん》

特徴	身体にエネルギーを巡らせて溜まった熱を冷やす作用があり、体調を整えます。
使い方	体力がない人向け。疲れやすい、不眠症など、中高年の女性に多い症状に効果的。

大柴《だいさい》胡湯《ことう》

特徴	ストレスによるエネルギーの停滞を改善するとともに、代謝をよくします。
使い方	体格がよく体力がある人向け。疲労感があり、不安・便秘傾向の人に用います。

ところで優二さん揚げものが多いですね
あー僕揚げものが大好きで…
最近は我慢してたんですけどおいしそうだったのでつい…
優二さんは揚げものが好物なんですね
家族の協力もあって食行動はかなり改善されたと思うのですがどうしてもどか食いしてしまうときがあって…
特に揚げものが食べたくなるんですよね
ついどか食いしてしまうのはいつが多いですか？
うーん…特に仕事が大変だった日の夜ですねぇ
わかりますそれ！

私も終電近くまで働いた後 ご褒美でスイーツを買って食べちゃいます
プリン
なるほど…
ストレス発散で夜ごはんをご褒美ととらえて食べ過ぎているのかもしれませんね
趣味はありますか？
趣味…うーん食べることですかね？
もちろんブッフェも大好きです！
そのようですね
お2人とも『食べる』ことに楽しみが集中しているみたいなので
食事以外でストレス発散できるものを探してみましょうか

食事と同じような役割を果たせるものはおもに4種類あります
②ゆっくりな運動
①通常の運動
④睡眠
③読書や映画鑑賞
この中で自分に最も合っているものを探してみましょう!
あるかなぁー…
僕 実は若いころに野球をやっていたんですよ
ええ〜
①もいいなぁ
えーっ
優二さんが?
うそっ
意外!
動けるんですか!?
石田さん その反応は さすがに かわいそうです
優二さんの場合 ①ですが これらはストレスを減らして異常な食行動にブレーキをかける役割を持っています

あと先ほど揚げものが大好きと言っていましたがそれは脂質依存になっているのかも
F 好物＝高カロリータイプ
[23／28]
4 コンビニをよく利用する
3 ファーストフードをよく利用する
2 外食や出前が多い
4 肉食が多い
2 菓子パンをよく食べる
4 麺類が好き
4 油っこい食べものが好き
優二さんは『好物＝高カロリータイプ』にも当てはまるんです
食べものに依存してしまうこともあるんですか!?
摂取しないとイライラがつのり
さらに快楽を求めて
どんどん摂取量が増えていってしまうんです
もっと…
脂質…
もっと欲しい…
脂質をとるとドーパミンという快楽ホルモンが分泌されますが…
わー
こ…怖いですね…
脂質は適量(1日50gまで)であれば問題ないんですけどね

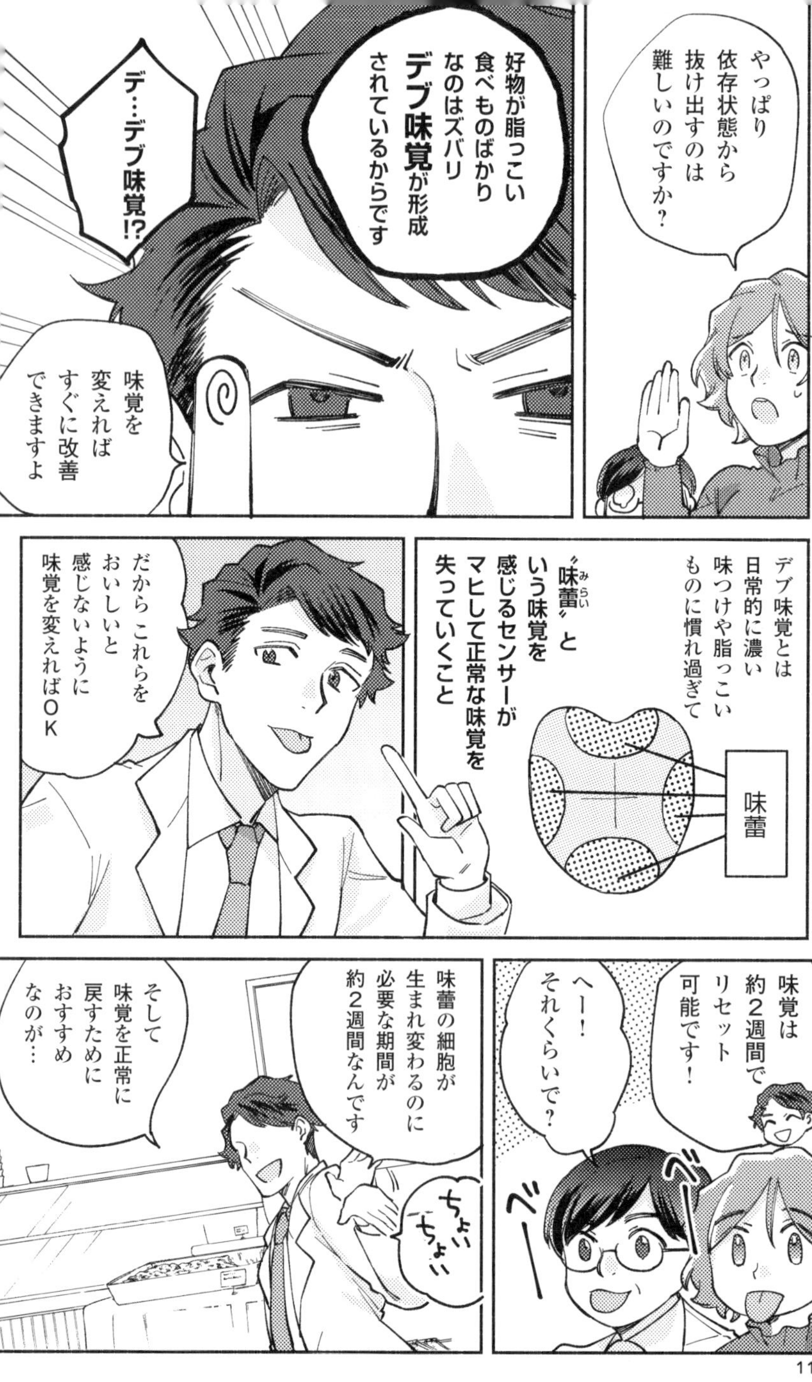
やっぱり依存状態から抜け出すのは難しいのですか?
好物が脂っこい食べものばかりなのはズバリ**デブ味覚**が形成されているからです
デ…デブ味覚!?
味覚を変えればすぐに改善できますよ
デブ味覚とは日常的に濃い味つけや脂っこいものに慣れ過ぎて
“味蕾《みらい》”という味覚を感じるセンサーがマヒして正常な味覚を失っていくこと
味蕾
だから これらをおいしいと感じないように味覚を変えればOK
味覚は約2週間でリセット可能です!
へー! それくらいで?
ベー
ベー
味蕾の細胞が生まれ変わるのに必要な期間が約2週間なんです
そして味覚を正常に戻すためにおすすめなのが…
ちょいちょい

これです！
スープ!?
ドーン
たけのこと桜えびの和風出汁スープ
確かにおいしいとは思いますけど…
出汁にはうま味成分がたっぷり入っています
そしてうま味成分に含まれているグルタミン酸は脳内でドーパミン（快楽ホルモン）に近い働きをするんです
ということは出汁を飲めば揚げものを食べたときのような快楽が得られるんですか？
ほっかほっか
そう！グルタミン酸で脳を騙している間に味蕾はみるみる正常に戻ります
そして2週間後には脂っこいものを食べなくても満足する味覚に変わっていきます！
まずは毎朝1杯
あ 出汁はインスタントでも大丈夫ですよ

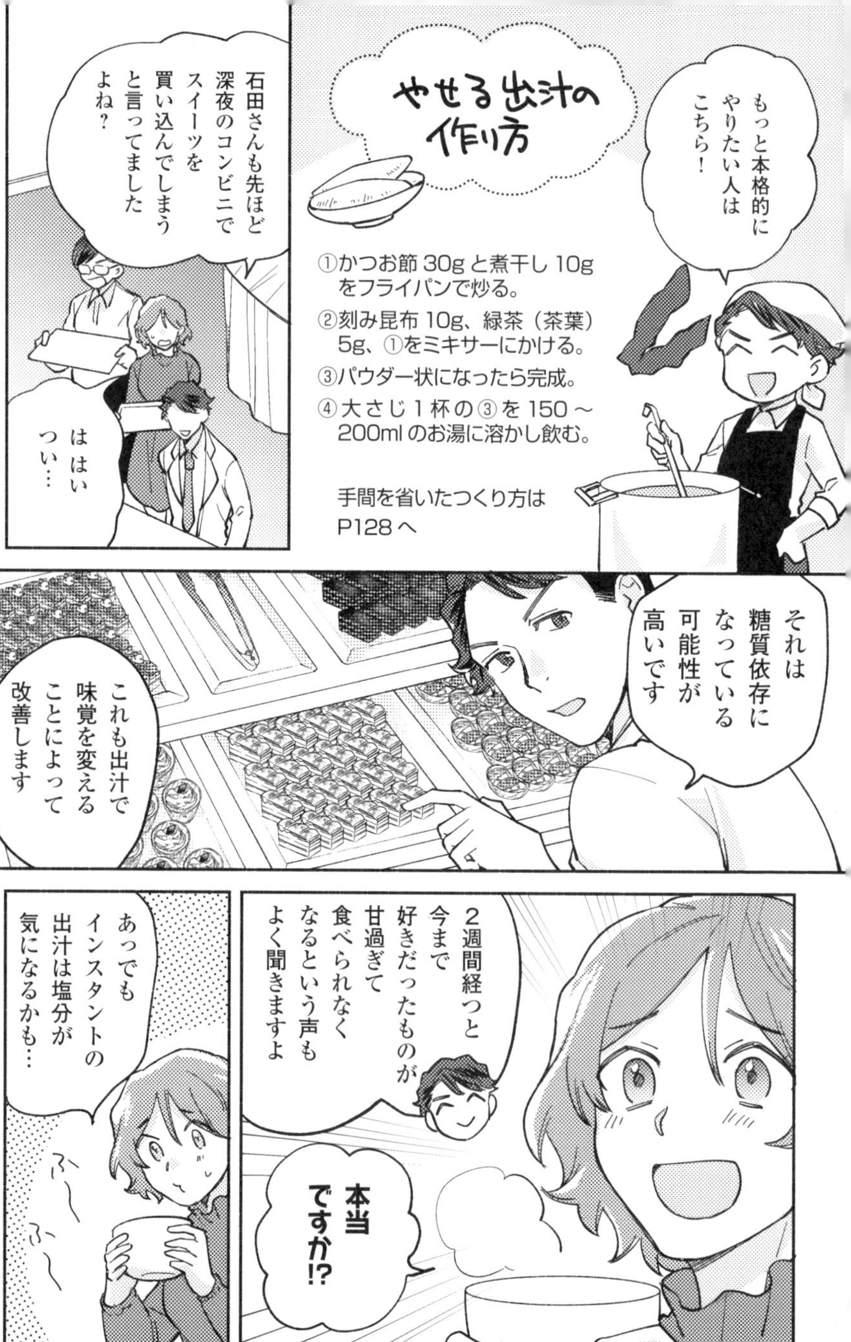
もっと本格的にやりたい人はこちら!
やせる出汁の作り方
①かつお節 30g と煮干し 10g をフライパンで炒る。
②刻み昆布 10g、緑茶（茶葉）5g、①をミキサーにかける。
③パウダー状になったら完成。
④大さじ 1 杯の③を 150 ～ 200ml のお湯に溶かし飲む。
手間を省いたつくり方は P128 へ
石田さんも先ほど深夜のコンビニでスイーツを買い込んでしまうと言ってましたよね?
ははい つい…
それは糖質依存になっている可能性が高いです
これも出汁で味覚を変えることによって改善します
2週間経つと今まで好きだったものが甘過ぎて食べられなくなるという声もよく聞きますよ
本当ですか!?
あっでもインスタントの出汁は塩分が気になるかも…
ふ〜
ふ〜

塩分はあまり依存性がないのでとり過ぎなければ問題ありません
男性は1日
8g未満
女性は1日
7g未満
さて
糖質は炭水化物にも多く含まれていますから
食べる順番をカーボラスト（炭水化物を最後）にするだけでも効果があります
炭水化物にたどり着くまでにお腹が満たされるので結果摂取量が減らせるんですよ
無理に糖質制限しなくても自然と摂取量が減らせるということですね！
そうストレスなくできます
ではこの後はアドバイスを意識しつつブッフェを楽しみましょうか
ブッフェ最高！

ストレス発散は「食事」じゃなくてもできる!

自分に合うストレス発散方法を探そう

人間は、多かれ少なかれストレスと無縁ではいられません。きっと多くの人が、ストレスのせいで〝どか食い〟した経験があることでしょう。なぜストレスを感じたら食べてしまうのでしょうか? それは原始の時代から、人間の脳は食べることで快楽を得られるようにできているからです。これらの機能は、絶食で生存が危うくならないように備えられたものだったのですが、食べものがあふれている現代では、この生き残るための脳機能が、「ストレス解消のために食べる」という行動のもとになってしまっているのです。

しかし、食べることだけがストレス解消方法ではありません。**ダイエットを継続させるためには、食行動以外にストレス発散の方法を見つけることがポイントです。**趣味や好きなことが思いつかない人は、P123の図表の4つのうち、自分に合うものを選んでみま

食事以外のストレス発散法は4つ

動
静
通常の運動
ゆっくりな運動
読書や映画鑑賞
睡眠

しょう。この4つは幸せホルモンが出やすいといわれているため、ストレス軽減につながる可能性が高いです。

また、食事以外で「好きなことリスト」をつくってみるのもおすすめ。自分が普段ワクワクすることやリラックスできることを、できるだけたくさん書き出していきます。それをリストにして、今度はそれが本当にワクワクするのか、リラックスできるのかを試してみます。体験をもとに結果を○△×で評価。○と評価したものがストレス解消法になります。ストレスまみれになる前に、しっくりくるストレス解消法を見つけ出して、早めに対策をとるように意識しましょう。

好物＝
高カロリー
タイプ
のやせ方

脳を騙して、さらば！「デブ味覚」

〝うま味成分〟が食欲に満足感を与える

ダイエット成功のためには、食欲をコントロールすることが大切ですが、その鍵を握っているもののひとつが「味覚」です。濃い味や糖質たっぷりの味に慣れてしまうと、味を感じる舌の細胞「味蕾《みらい》」の感知センサーが鈍くなります。すると、より濃い味や甘い味を求めてしまい、結果として摂取カロリーも増えるという悪循環に陥るのです。食べる量を減らし、加えて好きな味も我慢しなきゃダメとなると、挫折するのは当然です。

そこで、まずは**舌を「デブ味覚」から「やせ味覚」に変えることから始めましょう。やせ味覚への変化を促してくれるのが「出汁」です。**出汁には、うま味をもたらすグルタミン酸が含まれています。この**グルタミン酸は、快楽ホルモンのドーパミンに近い働きをするため、満足感を得やすい**のです。

「うま味成分」のある食品一覧

グルタミン酸	昆布、チーズ、トマト、きのこ類、ブロッコリー、玉ねぎ、にんじん、しょうゆ、みそ、緑茶など
イノシン酸	かつお節、煮干し、鶏肉、豚肉、牛肉、マグロ、カツオ、エビなど
グアニル酸	干ししいたけ、乾燥海苔など

イギリスのサセックス大学が行った、こんな実験があります。昼食の45分前に「うま味」成分が入ったスープを飲んだグループと、うま味なしスープを飲んだグループでは、前者のほうが満足感を得やすく、昼食の摂取量が減ったそうです。うま味で食欲を抑えられるのなら、とり入れない手はありませんよね。**グルタミン酸のほかに、イノシン酸やグアニル酸も有効。**より多くのうま味成分を組み合わせて食べると、脳ではうま味の信号を7~8倍も強く感じ、食事の満足感がアップします。デブ味覚からなかなか抜け出せない人も、**味蕾は約2週間で生まれ変わり、**だんだん慣れてくるので、続けてみてくださいね。

好物＝高カロリータイプのやせ方

「食べる順番」を変えるだけでやせやすくなる

カーボラストで炭水化物の食べ過ぎを防ぐ！

食事の際、ごはんやパン、パスタなど、炭水化物を真っ先に食べていませんか？　主食の炭水化物に多く含まれる糖質は、食べた直後に体内でブドウ糖に分解され、およそ30分～1時間で小腸から吸収されます。そのため最初から主食をとり続けると、食事の終わりころにはかなりの糖質が体内に吸収されます。すると一気に血糖値が上がり、脂肪となって蓄積されやすいのです。そこで、食事のときは炭水化物を後回しにする「カーボラスト」を徹底しましょう。カーボとは、カーボハイドレイト（炭水化物）の略です。

まずは**野菜や海藻、きのこといった食物繊維が豊富なものから食べる「ベジファースト」を意識**してください。食物繊維は胃の中で膨張するため、空腹感が満たされます。また、あとから摂取した糖の吸収が緩やかになります。こうすることで、主食の食べ過ぎも防げます。

ちなみに、**ガッチリ体型を目指している人や、筋肉量の足りない女性には、たんぱく質が豊富に含まれている「肉」を先に食べる「ミートファースト」がおすすめ。**たんぱく質には、食欲を満たす効果があるので、最初に食べると速やかに満足感を得られます。

炭水化物の食べ過ぎを防ぐ2つの方法

ベジファースト

向いている人

- 腸内環境をよくしたい人
- 便秘・肌荒れなど体調に違和感のある人

やせる理由

- 食物繊維の働きで、糖の吸収が緩やかになる
- 食物繊維が胃の中で膨張して、満たされる

ミートファースト

向いている人

- ガッチリ体型を目指している人
- 筋肉量の少ない人

やせる理由

- 肉に多く含まれるたんぱく質が、食欲を満たしてくれる
- たんぱく質で筋肉量が増えれば代謝が上がる

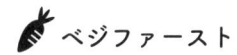

COLUMN

飽きずに楽しめる
ダイエット法紹介

やせる出汁

かつお節	煮干し
食欲抑制	細胞の活性化＆老化防止
刻み昆布	**緑茶**
腸内環境改善	リラックス作用

動物性と植物性の素材を使うことで味にコクが出るだけでなく、左表のような効果も得られます。出汁のうま味成分によって自律神経が整い、満足感もアップ！

＼手間を省きたいときの／
やせる出汁レシピ

市販の「かつお節粉」「煮干し粉」「昆布粉」「粉茶」を、下の割合でミックスするだけ！

かつお節粉		煮干し粉		昆布粉		粉末茶
3	:	1	:	1	:	0.5

ひとくちメモ

手間を省きたいならこのつくり方で。ミキサーがなくても OK！

第6章

「早食い」太りを防ぐ賢い食べ方

食事を楽しみながらやせる工藤式ダイエットでは、「食べ方」も重要。「早食いタイプ」は、少しの意識で体重が大きく変わります！

野球場
優二さーん 頑張ってー!!
キーンッ
当たった!
意外と うまいじゃない!
本当ですね!
最初 聞いたときは 信じられ なかったけど…
最初は 息子たちとの キャッチボール くらいだったのよ
よほど 楽しかったのか 今では草野球まで 始めちゃって
新しい 趣味が できて よかった ですね
えっほ
えっほ

わぁ
やったー
わー
わー
わーっ
さて
せっかく遠出したんだからこの後は観光でもしますか♪
わーい!
この辺りって栗まんじゅうが名物らしいですね!
優二さんはいいんですか?
片づけが終わったら合流するって!
じゃあ最初はゆったり女2人旅で行きましょう♪
そういえば停滞期のことで工藤先生に相談に行ったら優二さんもいらっしゃったんです
京子さんは停滞期ってなかったんですか?

あー それがね…
先生‼ 最近まったく体重が落ちないいんです…ッ‼
ずいっ
ずい
助けてください…‼
京子さん落ち着いて
人間には“恒常性《こうじょうせい》”といって環境を一定に保とうとする働きがあります
だからある程度やせるとその機能が働いて“停滞期”になってしまうのです
体型を維持してしまうのです
じゃあこれって一時的なもの…?
誰にでも起こることですがそれだけとも限りません
無意識の習慣がダイエットを邪魔していることもあります
例えば普段早食いが習慣になっていませんか?
え?私が?
無意識なので食行動質問票には表れない人も多いんです
……
食べ始めてから満腹中枢が刺激されるまでは約20分
それ以内にぺろりと平らげてしまう人は脳が満腹と感じるまでに食べ過ぎてしまうことも
京子さんはどうですか?

20分……!
あぁ……
パクパクパクパク
…ってことがあったのよ 紗織ちゃんはよく噛んで食べてる?
いや、つい忘れちゃいますよね…
ひと口につき30回噛みましょうと言うけれど
もぐもぐ
よく噛むと食事も自然とゆっくりになってダイエットへの3つの効果が得られるんだって
よく噛むことで得られる
3つの効果
①満腹中枢が刺激される。
②セロトニンという
幸せホルモンが増えて
少ない食事量でも満足感を
得られる。
③内臓脂肪が燃焼できる。
よく噛むとヒスタミンという物質が分泌されて満腹中枢を刺激するため食べ過ぎを抑えられます
そして"噛む"という一定のリズム運動はセロトニンの分泌を促す効果も!
工藤先生のワンポイント
内臓脂肪の燃焼まで関係するんですね!
それもヒスタミンが交感神経を刺激するからだって
いいことずくめ!

掃除機をかけて
ごはんを食べて
洗濯ものを干して
というように
家事のすき間に
食事をとり入れる
のも手
工藤先生のワンポイント
家事を
はさむことで
食べ過ぎを防ぐ
ことができ
また
家事をしている
間に満腹感が
増します
私も最近は
よく噛む
ように意識
しているんだけど
やっぱり
長年の習慣を
直すのって
難しくって
自分が
よく噛まずに
食べていた
なんて
目からウロコ
だったわ
食行動質問票では
早食いタイプには
当てはまって
いなかったし
はぁ〜…
G 早食いし過ぎタイプ
[9 ／20]
2 早食いである
3 よく噛まない
1 食事の際、次から次へと口に入れてしまう
1 口いっぱい詰め込むように食べる
2 人から「よく食べるね」と言われる
でも
でも
まずは
自分で意識
できただけでも
大きい
ですよね！
バッ
そうよね！
それじゃ
気をとり
直して…

まんじゅう
この名物栗まんじゅうもよく噛んで食べるわよ紗織ちゃん！
そして次はお団子を食べようかしら♪
そんなに食べて大丈夫ですか!?
旅先では名物を味わい尽くしたいでしょ
ひとつください
だから
はんぶんこしましょ！
旅先で食べ過ぎてしまう人は食べる目的を考えてみましょう
本来の目的はご当地グルメを味わいたい！という思いでは？
味わうだけなら量は必要ありませんよね
少しずついろいろなものを味わって楽しむことも旅のプチテクニックです
おいしい！
工藤先生のワンポイント

早食いし過ぎタイプのやせ方

ゆっくり〝よく噛んで〟食べると一石三鳥

ゆっくり食べると食事量は減る?

人間は、脳の満腹中枢が血糖値の上昇を感知することで、「お腹いっぱいになった」と感じます。しかし、**満腹中枢が働くまでには20分ほど時間がかかります。そのため、早食いによって、満腹中枢に刺激が届く前に食べ終わってしまうと、食べ過ぎの原因**になりかねません。ということは、早食いが肥満のもとになっているともいえます。実際、太っている人のほとんどは早食いです。

また、ある研究によると、ゆっくり食べることで食べる量が減り、より満腹感が得られることが明らかになっています。つまり**同じ量を食べるにしても、時間をかけたほうが満足しやすい**のです。そのため、**食事は20〜30分ほどかけて食べきるように意識しましょう。**

ダイエットは食べる量のコントロールはもとより、食べ方を見直すことも大切です。

〝噛む〟刺激がやせ効果をもたらす

ゆっくり食べることとは、よく噛むこととセットで考えましょう。**なぜなら噛むという動作には、さまざまな効果があるからです。まず、内臓脂肪の燃焼を促し、脳内物質のセロトニンが分泌されます。**セロトニンは別名〝幸せホルモン〟とも呼ばれ、リラックス効果もあります。ガムを20回ほど噛んでから食事をすると、どか食いを防げるのでおすすめです。また、**満腹中枢を刺激する神経伝達物質・ヒスタミンが分泌され、食欲を抑える効果があります。**理想はひと口30回噛むことですが、よく噛んで食べることに慣れていない人は、ひと口ごとに箸を置いてみましょう。

一石三鳥なワケ

①ヒスタミンが満腹中枢を刺激

よく噛むことで「ヒスタミン」が分泌されますが、これが満腹中枢を刺激し食欲を抑えてくれます。

②セロトニンが満足感を与える

噛むというリズム運動により幸せホルモン「セロトニン」が分泌され、少量で満足感を得られます。

③内臓脂肪が燃焼される

ヒスタミンは内臓脂肪を燃焼する効果も！　たっぷりついてしまった脂肪もとれていきます。

7タイプ共通のやせ方

やせやすい身体の秘密は「ホルモン」にあり！

ホルモンを操って、ダイエットも自由自在！

ホルモンは、身体の中でつくり出されて、身体のさまざまな働きを調整する役割があります。その中には、**やせやすいように働きかけてくれる〝やせホルモン〟もあり、分泌量は、日々の行動によって調節することができるのです。**

分泌量のコントロール方法は、ホルモンごとに決まっています。例えば、食欲を抑えてくれる「レプチン」は、睡眠不足になると分泌が減るので7時間睡眠を心掛けることが大切。また、一見ダイエットと関係ないように思える幸せホルモン「セロトニン」は、不足するとストレスが増えて太りやすくなってしまうことも。リズム運動によって分泌を促すことができるので、ガムを噛んだり、ウォーキングをしたりすると効果的です。どのタイプの方でも、〝やせホルモン〟の分泌の操り方を知って簡単にやせ効果を狙いましょう。

ダイエットに効くホルモン一覧

食欲を抑えてくれる

レプチン

食欲を抑え、エネルギー代謝を活性化させるホルモン。睡眠不足ですぐに減少してしまうので気をつけて！

脂肪を燃焼させる

アディポネクチン

脂肪燃焼効果があります。おからには「アディポネクチン」の分泌を促す「β-コングリシニン」という成分がたっぷり！

いい眠りを導く

メラトニン

睡眠ホルモン「メラトニン」のもとは必須アミノ酸の一種「トリプトファン」。牛乳、卵、ナッツなどに含まれます。

やる気をもたらす

β-エンドルフィン

多幸感をもたらすホルモン。体重が少し減っただけでも分泌され、やる気のアップにつながります。

幸せを感じさせる

セロトニン

幸せホルモン「セロトニン」は、リズム運動や日光を浴びることで生成されます。まずはよく噛むことから！

満腹中枢を刺激する

ヒスタミン

「ヒスタミン」は、ホルモンに似た働きをする神経伝達物質。よく噛むと分泌が増えて満腹中枢を刺激します。

お待たせ〜！
おーい
優二さんお疲れ様でした
こっちこっち
大活躍でかっこよかったですよ！
いやいやそれほどでも〜
お待たせいたしましたー！！
わっ
スッ

これがご当地グルメのうな丼なんですね
おいしそーう！
いただきまーす！
もぐ
ズッ
もぐもぐ
ズッ
もぐ…
京子さんお口に合わないですか…？
いやいや
あ
とってもおいしいわよ！
今箸を置いたのはダイエット方法の1つなの

へぇー
気づかなかった
どんな効果があるんですか？
フフーン
箸を置くと食事への衝動性と執着性が抑えられて
結果ゆっくり食べることにつながるんだって
ということは
なるほど
よく噛むことにもつながっていくんですね！
スッ
んー
箸を置くだけなら簡単な気がする〜
フフフ それはどうかしら？
う〜ん
もぐもぐ
食事中に箸を持ち続けることが無意識の習慣になっている人が多くて
いざ置こうとすると難しいのよ
ちなみに食事中に箸を置く効果はほかにもあって…

食事中に箸を置くと得られる効果はこんなに！
マインドフル・イーティングって…？
工藤先生のワンポイント
食事への衝動性や執着性が抑えられる
自然と食事に意識が向いて「ながら食べ」が防げる
マインドフル・イーティングにつながる
食事に意識を集中させることで味覚が敏感になって
食事がいつもよりおいしく感じられることよ
んー♡
おいしい♡
そうすると少しの量でも満足に感じてダイエットに効果的なの
おいしくて満足で
ダイエット効果まで！

でも箸を置くだけでできるのかな？
うーん
もぐもぐ
まずはそれで食事に意識が向くだけでも効果は感じられるわよ
もぐもぐ
確かに穏やかな気持ちで食事ができるような不思議な感覚かも…
もぐもぐ
あと女性は男性に比べて「ながら食べ」が得意らしいのだけど…
ああー私もテレビを見ながら食べてしまうことが多いです
「ながら食べ」をしているとついそっちに気をとられて食事の記憶が薄れてしまうわよね？
わかります
特にドラマを見始めちゃうともうストーリーが気になっちゃって
じー…

…紗織ちゃん
実は食欲は前回の食事の記憶を頼りに出ていると工藤先生が言っていたわ
言いにくいのだけど…
ええっ
工藤先生のワンポイント
食事の記憶を植えつけることで食べ過ぎを抑えられるという研究結果があります
食事の記憶が薄れる「ながら食べ」は避けてマインドフル・イーティングを心掛けることが大切です!
これからは食事中はテレビを消して1回でも箸を置いてみます
食事への衝動を減らしたいなら
鏡で自分を見ながら食べたり
動画に撮ったりするのも効果的らしいわ
箸を置くのをつい忘れてしまうなら最初のひと口を食べた後すぐに置くことを意識したらやりやすいわよ

自分が食べる姿は意外と見たことがないから
がっつく姿にゾッとして一気に食欲がなくなる人が多いんだって
ね？
え…
フキフキ
自分の食べ方にゾッとするなんてちょっと怖い…
でも確かに見たことがないから気になりますね
コワイもの見たさ…
今度京子を撮影してみよう
スッ
大丈夫
自撮りできますから
それにしても京子さんすっかりダイエット博士みたい！
フフフそれほどでも
カッコいい！
すごーい
全部工藤先生のおかげだけどね！
助けて工藤せんせぇぇぇぇ

工藤式ダイエットって食事を楽しみながらとり組めるところがいいですよね
だから私まだまだ続けられそう！
私も
何かを我慢するのではなくストレスが溜まらない範囲でできる方法ばかりだからここまで続けられたのかも
よーし
これからもバリバリ食事を楽しむぞー！
もちろん食行動を改善しながらね

早食い
し過ぎタイプ
のやせ方

美しい所作と習慣で食欲を無理なく抑える

意外と知らない!? 自分の食べる姿を見てみよう

ダイエット中に食欲を抑えきれないことってありますよね。そんなときは、**鏡を前に置いたり、動画で撮影したりしながら食べてみてください。**食べものをむさぼるようにかき込んでいる姿は、お世辞にも美しいとはいえないはずです。そこで、背すじを伸ばし、ゆっくりと噛んで、上品に見える食べ方を練習してみましょう。どか食いを防げるだけでなく、美しい所作も身につきます。

箸を置いて食事に集中！

みなさんは、食事中にどれくらいの頻度で箸を置いているでしょうか？　もしかしたら、箸をずっと持ち続けている人も多いかもしれませんね。箸をどう扱うかも、食行動をコントロールする上で重要なポイント。**しっかり噛んでゆっくり食べるときに、意識してもらいたいのが「箸を置く」ということ**です。

なぜ箸を置くことが大事なのかというと、食べる勢いを抑えることができるからです。お腹が減っているときに、目の前に食事が置かれたら、誰だって口いっぱいに頬張りたくなりますよね。でも、**箸を置くことでマインドフルネス（今この瞬間に意識を向けること）に近い感覚になり、食べることへの執着心が薄れます。**

ひと口で噛む回数は30回が理想ですが、いずれにしても咀嚼《そしゃく》中は箸を置きましょう。これで、「噛む」と「飲み込む」、それぞれの行為を分けることができ、五感を使って食べものを味わえます。慣れないうちは面倒くさいと感じるかもしれませんが、箸を置くことで食事に意識を集中させることができるので、早めに満腹感を得られますし、食べ過ぎの防止にも効果が。せっかくなので、ぜひお気に入りの箸置きを用意してみてくださいね。

7タイプ
共通
のやせ方

マインドフル・イーティングが〝どか食い〟を防ぐ

食べる量が少なくても満足感アップ!

食べものの味や食感、お腹の感覚に意識を向けて満足感を得やすくする「マインドフル・イーティング」という食べ方があります。これは、食事にまつわる感覚を鋭くし、料理に対する気づきを得るために用いられる方法ですが、**食事がおいしく感じられるだけではなく、食べたものが記憶に残りやすいため、その後の食事で食べる量が少なくても満足できる**ことが研究でもわかっています。

マインドフル・イーティングを身につける方法のひとつに、「レーズントレーニング」があります。1粒のレーズンを用意して、匂いや形をじっくりと観察してから食べるというものです。ただ、**日常生活にとり入れにくいため、箸を置く習慣を通して食べものと向き合うことから始めてみる**といいでしょう。

ちなみに、マインドフル・イーティングの逆は、「ながら食い」です。スマホ片手に食事をすると満腹感が薄れ、食べ過ぎにもつながるのでＮＧです。

こうなれば！
マインドフル・イーティング

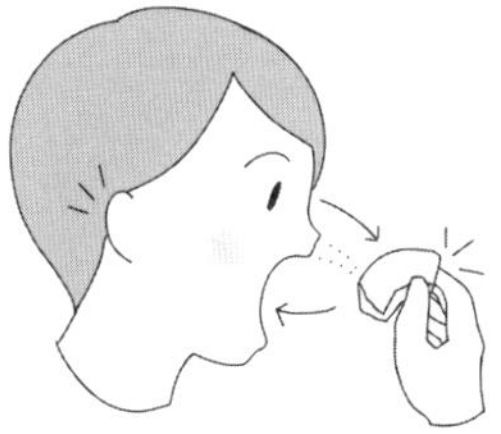

五感をフルに使って食べものを
味わえる

味覚が鋭敏になって
素材そのもののうま味を感じる

適量で満足感を得られる

3カ月後
ついに3カ月前の体重から約9kgの減量に成功しました！
もちろんやせたことは嬉しかったけど
それ以上に体調がよくなって気持ちも明るくなったことが驚き
ぐーーーっ
やせたことで心も身体も健康になったことを実感しています
3カ月前はいろいろあってすごく落ち込んでいたけど
今は仕事もプライベートもとっても前向きな気持ちでいます♪

よし投稿っと
ピッ
プルルルル
あっ
もしもーし
あ 紗織ちゃん突然ごめんね! 今大丈夫?
大丈夫ですよ〜
あのね聞いて!
今日小学校の授業参観だったんだけど
息子から『友達に「お前のお母さんきれい」って言われた! 今度も来てね』って言われたのよー!
だー
京子 3カ月の変化
身長 160.4cm
体重 62.0kg➡54.2kg (-7.8kg)
ウエスト 73.5cm➡67.8cm (-5.7cm)

えーっ すごい！ 3カ月前とは大違いじゃないですか
そうなのよう！
あのとき落ち込んだ時間を返せって感じ
フフーン
でも何はともあれよかったわ
本当工藤先生のおかげよね～
そうそう旦那も健康診断のことで最近病院に行ったのよ
それでそれで？

『やせたことを褒められた！まだまだ生きられそうだ！』
って家でずっと騒いでて嫌になっちゃう
優二　3カ月の変化
身長　170.5cm
体重　82.5kg➡71.8kg (-10.7kg)
ウエスト　92cm➡83.2cm (-8.8cm)
うおおおおお
パパは長生きするぞ～～～!!
よかったねー
わー目に浮かぶようです
声も聞こえる
ははは今度また3人で工藤先生に会いにいけたらいいわね
そうですね！
フフッ
ドガシャアアー
わー！ママ大変パパがー
えっ!? どうしたの
パパが転んだ!?
浮かれ過ぎよ！
わかるけど！

あー　ごめん　子どもが呼んでるわ　また職場で話すわね　じゃ！
はい
また詳しく聞かせてください
では〜
ピ
大丈夫かな浅倉さん…
ピコーン！
隼人くん
久しぶり！
さっきSNSの投稿見たけど
ずいぶんやせたらしいじゃん！
ダイエットの話も聞きたいから
今度ごはん行こうよ(^O^)
空いてる日教えて！

ピピッ
削除しました
もっと素敵な出会い…
ぽふっ
あるよね……！
紗織　3カ月の変化
身長　156.3cm
体重　58.4kg➡49.7kg (-8.7kg)
ウエスト　71.5cm➡64.9cm (-6.6cm)

おわりに

マンガの中でも描かれていますが、私も実は数年前までかなり太っていました。身長178cmで、92kgもあったのです。それが、自分の食行動を見直すことで改善し、約25kgのダイエットに成功しています。

ただ、仕事を続けていると、たまにどうしてもストレスが溜まったり、寝不足が続いたりします。するとつい食べ過ぎることもありますし、やはり一時的に少し太ってしまうんですね。でもそこで自分を責めたり後悔したりしても仕方がないので、そうはしません。食べ過ぎてしまったら、「ああ、おいしかった。これでストレスが減ったから逆によかった」と思えばいいのです。

「一度も二度も、食べ過ぎたら一緒」と坂道を転げ落ちるように食べ続けてしまうとリバウンドしてしまうのですが、体重グラフ日記をつけ、「食行動」を見直すことで肥満が改善できた人は、きっとそうはなりません。

自分の食行動を定期的に見直すことで、食べ過ぎてしまっても、そのことをきちんと理解していて、太った原因をとり除こうと再び気をつけられるはずです。そうすることで一時的には体重の上下動があったとしても、大きくは変動せず、理想の体重をキープできます。

本の中で紹介してきたように、肥満の状態は、生活していると生じるさまざまな原因が絡み合って形成されているもの。だから一瞬でやせるものでもなければ、1回やせたからといって二度と「少しも太らない」というものでもありません。でも、**徐々に身体のことや性格、太る原因がわかると、「自分のやせ方」がわかってくるはず。**自己分析能力が上がり、「ダイエット力」が上達していくイメージです。つまり、仮にまた少し太ってもすぐに戻せるというわけです。きっともう大丈夫。本書のメソッドを実践することで、弱い自分も好きになって、「理想の自分」になる方法がわかると信じています。

工藤孝文

工藤孝文《くどうたかふみ》

1983年福岡県生まれの医師。肥満治療評論家、漢方治療評論家。福岡大学医学部卒業後、アイルランド、オーストラリアへ留学。帰国後、大学病院などを経て、「工藤内科」のダイエット外来を担当。健康関連雑誌のほか、NHK「ガッテン！」、日本テレビ「世界一受けたい授業」、フジテレビ「ホンマでっか!? TV」など人気テレビ番組に多数出演し、ダイエット法を指南する。著書は『ダイエット外来医師が教えるリバウンドしない血糖値の下げ方』（笠倉出版社）、『なんとなく不調なときの生薬と漢方』（日東書院）など多数。

マンガ	浅野五時《あさのごじ》
編集	橋本夏帆、荒牧秀行（KWC）
マンガ編集	藤本 亮（サイドランチ）
構成協力	つなぎ
本文デザイン	二ノ宮 匡（ニクスインク）
DTP	ニクスインク
執筆協力	末吉陽子
イラスト協力	もりたりえ
校正	聚珍社
参考文献	『心理学からみた食べる行動』 青山謙二郎・武藤 崇 編著　北大路書房

マンガでわかる
ダイエット外来の医者が教える
成功率99% のやせ方

著　者	工藤孝文
マンガ	浅野五時・サイドランチ
発行者	池田士文
印刷所	三共グラフィック株式会社
製本所	三共グラフィック株式会社
発行所	株式会社池田書店 〒162-0851 東京都新宿区弁天町43番地 電話03-3267-6821（代）／振替00120-9-60072

落丁、乱丁はお取り替えいたします。

ISBN 978-4-262-16583-7

19000012